Δεσμοί Που Ενώνουν

τη Σκωτία με την Κρήτη

Ένα χρονικό της Μαρί Ναξάκη Καρυώτη

Δεσμοί Που Ενώνουν
τη Σκωτία με την Κρήτη

Ένα χρονικό της Μαρί Ναξάκη Καρυώτη

Μετάφραση στα ελληνικά: Νέλλη Παρασκευοπούλου

Επιμέλεια στα Ελληνικά: Στεφανία Αρετάκη

Πρώτη έκδοση Ελλάδα 2012

Douglas Foote

ISBN 978-960-9610-03-2

Αφιερωμένο στη γιαγιά μου

Τζέσι Έλντερ Λίντζι Κούριερ

Σχεδιάγραμμα ονομάτων

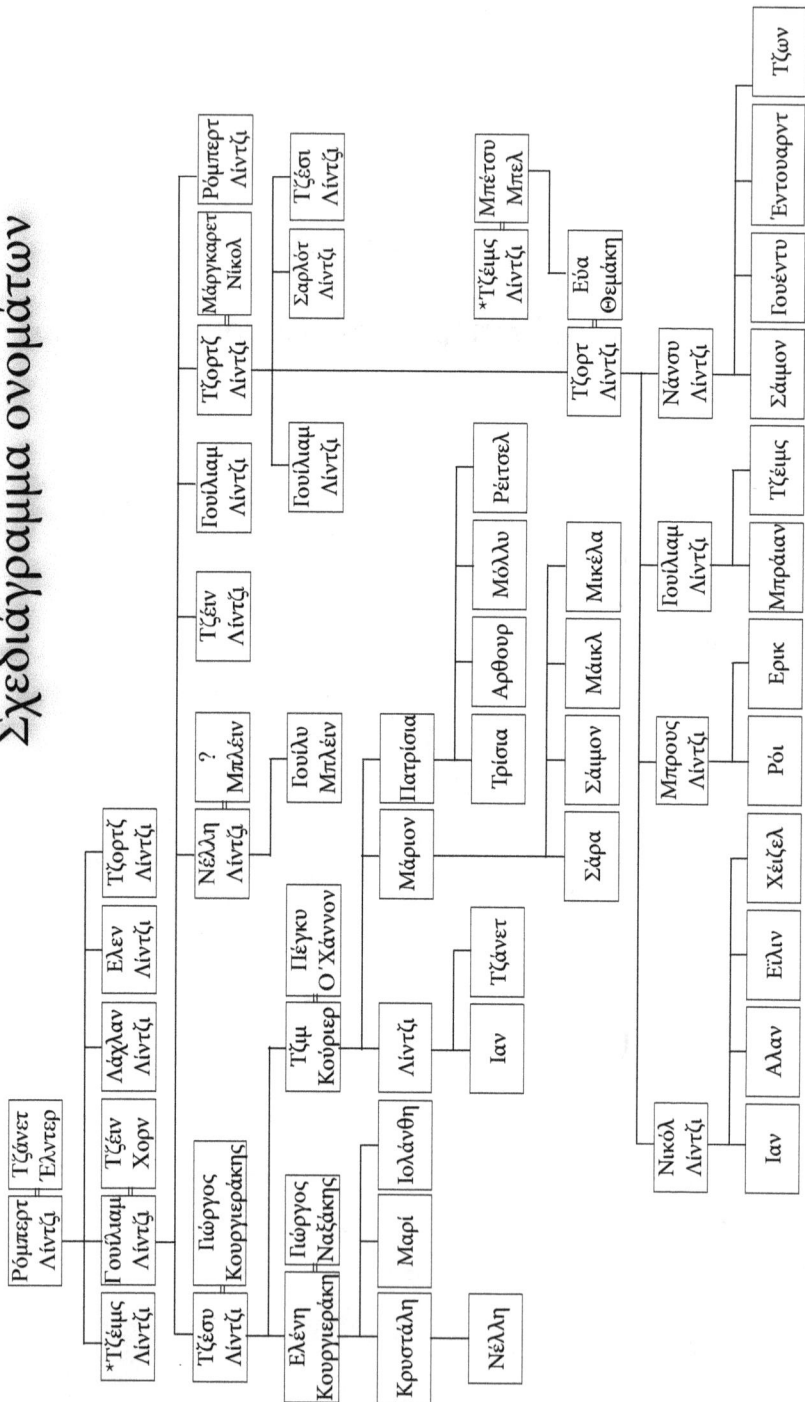

- Ρόμπερτ Λίντζι — Τζάνετ Έλντερ
- *Τζέιμς Λίντζι
- Γουίλιαμ Λίντζι — Τζέιν Χορν
- Άλαλαν Λίντζι
- Έλεν Λίντζι
- Τζορτζ Λίντζι
- Μάργκαρετ Νικόλ — Ρόμπερτ Λίντζι
- Τζορτζ Λίντζι
- Γουίλιαμ Λίντζι
- Τζέιν Λίντζι
- Νέλλη Λίντζι — ? Μπλέιν
- Σαρλότ Λίντζι
- Τζέσι Λίντζι
- Γουίλιαμ Λίντζι
- Τζέσον Λίντζι
- Πιώργος Κουργιεράκης
- Γούλιν Μπλέιν
- Τζιμ Κούριερ — Πέγκυ Ο'Χάννον
- Ελένη Κουργιεράκη — Πιώργος Ναξάκης
- Λίντζι
- Ιαν — Τζάνετ
- Κρυστάλη
- Μαρί
- Ιολάνθη
- Νέλλη
- Μάριον
- Πατρίσια
- Σάρα
- Τρίσια
- Άρθουρ
- Μόλλυ
- Ρέιτσελ
- Σάμιον
- Μάικλ
- Μικέλα
- *Τζέιμς Λίντζι — Μπέτου Μπελ
- Τζορτζ Λίντζι — Εύα Θεμάκη
- Νάνσυ Λίντζι
- Μπρους Λίντζι
- Γουίλιαμ Λίντζι
- Νικόλ Λίντζι
- Ιαν
- Άλαν
- Εϊλιν
- Χέιζελ
- Ρόι
- Ερικ
- Μπράιαν
- Τζέιμς
- Σάμιον
- Τζουέντυ
- Έντουαρντ
- Τζων

ΠΕΡΙΕΧΟΜΕΝΑ

i

Εισαγωγή

Τι ήταν εκείνο που με ώθησε να ξεκινήσω να γράφω μια περιγραφή της ζωής του Τζέιμς Λίντζι στη Σούδα τώρα που κοντεύω τα ενενήντα μου χρόνια; Νομίζω ότι οφείλω να εξηγήσω στους αναγνώστες, στους συγγενείς και στους φίλους, κάτι για τις συνθήκες που οδήγησαν σε αυτό το μικρό βιβλίο.

Από μικρό παιδί με γοήτευε αυτή η ιστορία- πέρασα τα παιδικά μου χρόνια με τη γιαγιά Τζέσυ στην οικία Λίντζι. Μια μέρα, όταν ήμουν πλέον δεκαέξι χρονών, επισκέφτηκα μαζί με τη μητέρα μου το κατάστημα του θείου του πατέρα μου στα Χανιά. Εκείνος κοιτάζοντας τη μητέρα μου είπε μια φράση που θα σημάδευε για πάντα τη ζωή μου: «*όσο ζει η Μαρί, η Τζέσυ δε θα πεθάνει*». Αυτά τα λόγια με έκαναν να νιώσω ότι είχα καθήκον να διαφυλάξω το σκωτσέζικο παρελθόν στη ζωή μου και τον κρητικό κλάδο της οικογένειας Λίντζι από το Ντάντι.

Μετά ήρθε ο πόλεμος, η γερμανική κατοχή, η αναγκαστική αναχώρηση από το σπίτι μας, την Μπέλα Βίστα, και η απώλεια των εγγράφων του Τζέιμς Λίντζι στη θάλασσα. Εκείνη τη μέρα πολλά πράγματα πετάχτηκαν στη θάλασσα, μεταξύ των οποίων και ένα ολοκαίνουργιο σετ για πινγκ-πονγκ που μας είχαν χαρίσει.

Εκτός από το διάστημα που πέρασα με τη μητέρα μου, όταν ήταν πλέον ηλικιωμένη και ζούσε στην Αθήνα και συζητούσαμε συχνά για το σκωτσέζικο παρελθόν της οικογένειας μας, δεν είχα σκεφτεί ποτέ άλλοτε να γράψω αυτήν την ιστορία. Πήγαινα τακτικά στην Κρήτη όλα αυτά τα χρόνια, όπου επισκεπτόμουν τα ξαδέρφια μου στη Σούδα και την οικία Λίντζι (που σήμερα δεν ανήκει πλέον στην οικογένεια μας). Για πολλά χρόνια γέμιζα τον χρόνο μου με άλλες ασχολίες.

Κάποια στιγμή ξεκίνησα μια συλλογή με παραδοσιακές δαντέλες φτιαγμένες με βελονάκι που σήμερα περιλαμβάνει 800 δείγματα. Η συλλογή αυτή ξεκίνησε από την Κρήτη και για να την ολοκληρώσω επισκέφτηκα πολλές περιοχές της Ελλάδας. Σήμερα φιλοξενείται στο Μουσείο Αγγελικής Χατζημιχάλη στην Πλάκα.

Ασχολήθηκα επίσης με τη σκιτσογραφία με μολύβι, ειδικά στο διάστημα της έγγαμης ζωής μου, όταν περνούσα αρκετό καιρό στην Αρκαδία στο οικογενειακό σπίτι του άντρα μου, στο Λεοντάρι.

Το 1990 ο άντρας μου πέθανε μετά από μια μακροχρόνια και επώδυνη ασθένεια. Συνέχισα να επισκέπτομαι το σπίτι στην Αρκαδία, αλλά περνούσα ολοένα περισσότερο χρόνο στα Χανιά.

Τότε ξεκίνησε το ενδιαφέρον μου για την σφακιανή δεσιά που στολίζει το τελείωμα της χειροποίητης υφαντής πετσέτας. Ήμουν μόνη μου ξανά στην Κρήτη, κάτι που με γέμιζε απόλυτα: να μπορώ να αγναντεύω τα Λευκά Όρη και τη θάλασσα.

Πριν από μερικά χρόνια έλαβα ένα αναπάντεχο τηλεφώνημα. Δυο ξαδέρφια μου, ο Ρόι και ο Έρικ Λίντζι από το Ντάντι, ήθελαν να συναντηθούμε. Σε μια επίσκεψη μου αργότερα στη Σκωτία, όταν συνάντησα τον Έρικ στο

Ίνβερνες, ανταλλάξαμε πολλές ακόμα πληροφορίες για την ιστορία των Λίντζι.

Το 1999 εγκαταστάθηκα μόνιμα πλέον στην Κρήτη και επιτέλους μπορούσα να κάθομαι στα σκαλάκια της οικίας Λίντζι και να νιώθω την παρουσία των προγόνων μου. Το μόνο που έμενε ήταν να πιάσω χαρτί και μολύβι και να γράψω την ιστορία τους. Έστελνα ταχυδρομικά στον Έρικ κάθε κεφάλαιο μόλις το τελείωνα και, όταν τελείωσε το γραπτό, ο Έρικ το δακτυλογράφησε και το έδωσε στον Ρόι. Εκείνος το βρήκε ενδιαφέρον, διόρθωσε κάποια λάθη και πρόσθεσε κι άλλες φωτογραφίες.

Τώρα, μετά από την τελική επιμέλεια, αυτό που κρατάτε στα χέρια σας είναι το αποτέλεσμα. Καθώς η είδηση της ιστορίας που έγραφα μαθευόταν στην οικογένεια, ολοένα περισσότεροι απόγονοι των Λίντζι επισκέπτονταν την Κρήτη, για να ανακαλύψουν περισσότερα για το παρελθόν τους: ο Ρόι και ο Έρικ, ο Σάιμον ο γιός της Νάνσυ από την Αυστραλία και φυσικά οι ξαδέρφες μου, Μάριον και Τρίσια, η κόρη του Λίντζι η Τζάνετ από τη Νότια Αφρική. Νομίζω ότι όλοι είμαστε ευχαριστημένοι που γράφτηκε αυτό το μικρό χρονικό.

Ήθελα να ευχαριστήσω τον κ. Μιχάλη Ποταμιτάκη για τις πολύτιμες πληροφορίες που μου έδωσε για το Ναύσταθμο και τα ναυπηγεία της Σούδας. Ευχαριστώ τον Μανώλη Μπουζάκη που έλεγξε τα στοιχεία σχετικά με την Ιστορία της Κρήτης και επίσης τον Μανώλη Μανούσακα, που είχε την καλοσύνη να μου δανείσει αρκετές φωτογραφίες της Σούδας από την εποχή που ο Τζέιμς Λίντζι ζούσε στην Κρήτη.

Ευχαριστώ επίσης την αγαπημένη μου φίλη Σάλυ Χερντ για την αντιγραφή, τη διόρθωση και την επιμέλεια του γραπτού μου και την Ντέμπρα Παπάντινοφ για τον αναγνωστικό έλεγχο και την Έλενορ-Μαίρη Κάντελ για την τελική επιμέλεια και τις διορθώσεις που έκανε όταν με επισκέφτηκε στα Χανιά από τη Νότια Αφρική.

Μετά από μια πολύχρονη, ενδιαφέρουσα και γεμάτη ζωή, στην ηλικία των 94, σκέφτομαι ακόμα και αναπολώ με αγάπη και κατάπληξη την παιδική μου ηλικία με τη γιαγιά Τζέσυ στην οικία Λίντζι και όλο το χρονικό της σκωτσέζικης/ κρητικής οικογένειάς μου.

Κοιτάζοντας το πρόσφατο παρελθόν, υπάρχουν ορισμένα γεγονότα στην κοντινή μου οικογένεια, που θέλω να αναφέρω. Η παρουσία του Σάιμον στη ζωή μας ήταν μεγάλη χαρά! Ο Σάιμον έγραψε μια μικρή αναφορά για την προσωπική του αναζήτηση και ανακάλυψη, που περιλαμβάνεται σε αυτό το χρονικό. Θα πω μόνο ότι έζησε οκτώ χρόνια κοντά στη μητέρα του, Νάνσυ, που πέθανε ξαφνικά όταν ο Σάιμον βρισκόταν στην Κρήτη με την οικογένειά του για διακοπές. Άλλοι αποχωρισμοί ήταν ο θάνατος της Κάθριν Λίντζι, της Νάνσυ Πέιν και ακόμα πιο πρόσφατα της αγαπημένης μου αδελφής Ιολάνθης. Ευτυχώς όμως υπάρχουν και νέες αφίξεις στην ιστορία: το μωρό της Κέιλα, η μικρή Τζέσι, το αγοράκι του Ιαν στη Νότια Αφρική, ο Μίτσελ - Τζέιμς - Λίντζι Κούριερ, η κορούλα της Ρέιτσελ, η Λότι, και το πρώτο εγγόνι του Σάιμον.

Στο μεταξύ τα χρόνια περνούν και για μένα. Μου αρέσει να βρίσκομαι στην Κρήτη τον Μάρτιο, όταν επιστρέφουν τα χελιδόνια, όπως κάθε χρόνο, ενώ το Φεβρουάριο, οι ροζ και μπλε ανεμώνες ξεπροβάλλουν από τη γη και στρέφουν τα πέταλα τους προς τον χειμωνιάτικο ήλιο. Κοιτάζοντάς τις, ακούω να ψιθυρίζουν 'αγάπα μας' και νιώθω απόλυτη ολοκλήρωση.

Μαρί Ναξάκη Καρυώτη

Πρόλογος

Το 2000 ρώτησα τον αδερφό μου αν ήθελε να πάμε μαζί διακοπές στην Κρήτη. Θα κάναμε ένα φθινοπωρινό διάλειμμα και θα ασχολούμαστε με την ορειβασία. «Ναι» είπε «θαυμάσια ιδέα» Στο παρελθόν είχαμε πάει μαζί για διακοπές, που συνδυάζαμε με τρέκινγκ, σε άλλα νησιά της Μεσογείου όπως η Μαγιόρκα και η Κορσική, αλλά ποτέ στην Κρήτη.

Υπήρχε και ένας άλλος λόγος τώρα. Πρόσφατα, ψαχουλεύοντας στο κουτί με τις οικογενειακές φωτογραφίες ,στο εξοχικό σπίτι μας τη 'Σούδα' (το οποίο υπήρξε κατοικία των γονέων και των παππούδων μας), στο Γουόρμιτ της Σκωτίας, είχα ανακαλύψει κάποιες φωτογραφίες που μου κίνησαν το ενδιαφέρον.

Η μια, σε σέπια, απεικόνιζε ένα μωρό ξαπλωμένο μπρούμυτα σε ένα μαξιλάρι και στην πίσω πλευρά έγραφε με καλλιγραφικά γράμματα *Κρυστάλη Ναξάκη γεννήθηκε στις 10 Ιουλίου 1915* Είχε τραβηχτεί στο Μάντσεστερ. Ίσως εκείνο που τράβηξε την προσοχή μου στη φωτογραφία να ήταν το γεγονός ότι η ημερομηνία βρισκόταν ανάμεσα στα δικά μου γενέθλια και του αδερφού μου, στις 9 και 11 Ιουλίου αντίστοιχα. Πάντως αναρωτήθηκα γιατί αυτή η φωτογραφία βρισκόταν μαζί με τις άλλες. Τι σχέση είχε με τις δικές μας οικογενειακές φωτογραφίες;

Η δεύτερη φωτογραφία, επίσης σε σέπια και ακόμα

παλιότερη, απεικόνιζε έναν επιβλητικό τάφο με την παρακάτω επιγραφή:

Τζέιμς Λίντζι
Γεννηθείς στη Σκωτία στις 14 Σεπτ. 1824
Απεβίωσε στη Σούδα στις 17 Μαΐου 1899
&
Ελίζαμπεθ Μπελ
Σύζυγος
Γεννηθείσα στη Γλασκόβη στις 8 Ιουλίου 1813
Απεβίωσε στη Χαλέπα στις 8 Φεβρ. 1900
"Ευλογημένοι οι κεκοιμημένοι που κοιμήθηκαν εν Κυρίω"

Η ενδιαφέρουσα λεπτομέρεια ήταν ότι υπήρχαν δικοί μας συγγενείς θαμμένοι στη Σούδα της Κρήτης. Ποια ήταν η σχέση μας με αυτούς τους ανθρώπους; Ήξερα ότι η γιαγιά μας ήταν Κρητικιά και ότι είχε ζητήσει η τέφρα της να σκορπιστεί στο λιμάνι της Σούδας όταν πέθαινε. Ήξερα επίσης ότι ο παππούς μου, ο Τζορτζ Τζον Λίντζι και η κόρη του η Νάνσυ, είχαν πάει στην Κρήτη για να εκτελέσουν την επιθυμία της, όταν πέθανε το 1951. Αλλά αυτό είχε συμβεί πολύ μετά τις ημερομηνίες στη φωτογραφία. Δεν ήξερα τίποτα άλλο.

Έτσι, τον Σεπτέμβριο του 2000, μαζί με τον αδερφό μου, τον Έρικ, ξεκινήσαμε για τις διακοπές μας στην Κρήτη και κλείσαμε ένα επιπλωμένο διαμέρισμα στον Πλατανιά, 8 μίλια δυτικά των Χανίων, την παλιά πρωτεύουσα της Κρήτης, 11 μίλια δυτικά της Σούδας. Ξέραμε ότι θα είχαμε την ευκαιρία να κάνουμε εκπληκτικές διαδρομές σε φαράγγια στη νότια ακτή της δυτικής Κρήτης και θέλαμε οπωσδήποτε να επισκεφτούμε το φαράγγι της Σαμαριάς, αν ο καιρός το επέτρεπε. Είπα ότι θα παίρναμε μαζί μας και τις δυο φωτογραφίες, ώστε, αν καμία μέρα έβρεχε, ίσως να κάναμε κάποιες έρευνες. Πού να ήξερα τι μας περίμενε!

Αυτό το βιβλίο αφορά έναν άνθρωπο που γεννήθηκε το 1824 και πέθανε το 1899, τον Τζέιμς Λίντζι, αρχιτέκτονα, μηχανικό και κατασκευαστή λιμανιών, έναν αυτοδημιούργητο άντρα, που ταξίδεψε από τη Σκωτία στην Κωνσταντινούπολη και μετά στην Κρήτη, όπου πήρε σύνταξη και συνέχισε την ιστορία αγάπης που τον συνέδεσε με αυτό το υπέροχο και σαγηνευτικό νησί.

Από την αρχή του βιβλίου και την εισαγωγή ίσως σκεφτείτε ότι αυτό το βιβλίο είναι ένα ιστορικό χρονικό για έναν άγνωστο που έζησε πριν από πολλά χρόνια, αλλά κάνετε λάθος. Είναι μια ξεχωριστή αφήγηση από μια ξεχωριστή γυναίκα που διένυσε τέσσερις γενιές, κράτησε στη μνήμη της τις οικογενειακές ιστορίες από τις προηγούμενες τρεις γενιές και έχει κερδίσει την εκτίμηση και τον σεβασμό όλων των συγγενών της.

Η Μαρί Καρυώτη σήμερα είναι ενενήντα τεσσάρων χρονών, αλλά γράφει με απόλυτη διαύγεια και διατηρεί ολοζώντανες τις αναμνήσεις της. Ομολογεί ότι σήμερα οι μνήμες είναι πιο ζωντανές από ποτέ άλλοτε. Τη βρίσκω συναρπαστική συνομιλήτρια, εξαιρετική παρέα και πάντα με νέες ανεξερεύνητες πλευρές. Το χιούμορ της είναι παροιμιώδες και φαντάζομαι ότι ως παιδί πρέπει να ήταν πολύ άτακτη, δοκιμάζοντας τις αντοχές των γονέων της. Ακόμα και τώρα αυτή η πλευρά του χαρακτήρα της είναι φανερή στον τρόπο που γράφει.

Η Μαρί ζει σε ένα μικρό ρετιρέ στα Χανιά, σε μια περιοχή με ανοικτό ορίζοντα, με θέα τα Λευκά Όρη από τη μια πλευρά και τον κόλπο των Χανίων από την άλλη. Την τελευταία φορά που την επισκέφτηκα, μου έδειξε με ενθουσιασμό τις ξεφτισμένες σε σέπια οικογενειακές φωτογραφίες, ενώ μου διηγιόταν χαρακτηριστικά στιγμιότυπα. Πιστεύει στο κρητικό ιδεώδες της ελευθερίας: «*Πρέπει να προλάβω να τα γράψω όλα,*» είπε, «*τώρα που είναι ακόμα τόσο ζωντανά στη μνήμη μου».* Μετά ξεκίνησε μια περιπλάνηση στο παρελθόν, υφαίνοντας μια σειρά από εικόνες και γεγονότα, που θυμίζουν τις δεσιές που φτιάχνει με τόσο μεράκι. Στις 8 Αυγούστου 2007 η Μαρί έκανε μια έκθεση με δεσιές στην ηλικία των ενενήντα χρονών - τι γυναίκα! *«Ήταν μια τόσο γεμάτη χρονιά, συνέβησαν τόσα πολλά, λέω να γράψω ένα βιβλίο για όλα αυτά».*

Ο Τζέιμς Λίντζι είναι ο βασικός πρωταγωνιστής του βιβλίου, αλλά υπάρχουν τόσοι άλλοι ενδιαφέροντες συμπρωταγωνιστές που θα τραβούν συνεχώς την προσοχή σας και το κύνα της αφήγησης θα σας ταξιδέψει από τη μια γενιά στην άλλη. Το βιβλίο καλύπτει την ιστορία της οικογένειας μέχρι σήμερα. Σαν οικογενειακό χρονικό, η ιστορία της Μαρί κρατάει αμείωτο το ενδιαφέρον, ενώ για τους μελλοντικούς μελετητές της ιστορίας των Λίντζι είναι απαραίτητο σημείο αναφοράς.

Ρόι Φ.Λίντζι

Κεφάλαιο 1

Η Μπέλα Βίστα το 1942

Η μητέρα μπήκε στη μεγάλη, δροσερή αποθήκη, μια από τις τρεις στο υπόγειο της Μπέλα Βίστα, του σπιτιού της οικογένειας Ναξάκη. Η αποθήκη ήταν πάντα δροσερή, επειδή από πάνω υπήρχε μια δεξαμενή με βροχόνερο, που έτρεχε από μια υδρορροή από τη στέγη. Μια βρύση στον επικλινή κήπο μάς τροφοδοτούσε με φρέσκο βροχόνερο. Ένα από τα' άλλα δυο δωμάτια ήταν το πλυσταριό με ένα χτιστό φούρνο και ένα καζάνι, όπου ζεσταίναμε το νερό για τη μηνιαία πλύση, ένα πηγάδι με γλυφό νερό και δυο τσιμεντένιες σκάφες, μια μεγάλη και μια μικρότερη. Το πλυσταριό ήταν σκοτεινό και φωτιζόταν μόνο από την πόρτα ήταν χτισμένο στο βράχο. Η τρίτη αποθήκη ήταν μεγάλη τετράγωνη και μονίμως ακατάστατη. Υπήρχαν σειρές από ράφια στους τοίχους με κουτιά, που περιείχαν μπογιά, πινέλα, σκάλες, σύνεργα ψαρικής και εργαλεία κηπουρικής, κασέλες με παλιά ρούχα, παπούτσια και σπασμένα έπιπλα. Από το παράθυρο έμπαινε αρκετό φως κι έτσι συνηθίζαμε να παίζουμε εκεί, όταν ήμασταν παιδιά, ειδικά τις βροχερές μέρες. Όταν ο φόβος της γερμανικής κατοχής έγινε πραγματικότητα, ο πατέρας μου έσκαψε ένα καταφύγιο μέσα στο βράχο, όπου

1

τοποθέτησε πέτρινους πάγκους και μαξιλάρια.

Στο δωμάτιο, όπου στεκόταν η μητέρα υπήρχαν δυο μεγάλες νταμιτζάνες πάνω σε ξύλινες τάβλες, που περιείχαν το κόκκινο και λευκό κρασί της χρονιάς, αγορασμένο από χωριά των Χανίων. Ένα μεγάλο πήλινο πιθάρι στη γωνία ήταν γεμάτο ελαιόλαδο. Από το φεγγίτη με το περίτεχνο πλαίσιο από σφυρήλατο σίδερο, έμπαινε άπλετο φως και θαλασσινή αύρα. Μπροστά στον ένα τοίχο υπήρχε ένα προχειροφτιαγμένο ξύλινο κασόνι, ενάμιση μέτρο σε ύψος και περίπου ένα μέτρο σε φάρδος. Θυμάμαι το ύψος, επειδή, όταν ήμουν εννιά ή δέκα χρονώ, σήκωσα το καπάκι, που ήταν στερεωμένο με μεντεσέδες και το στήριξα στον τοίχο, για να μπορέσω να εξετάσω το περιεχόμενο. Θυμάμαι ότι είδα ένα μακρόστενο γκρίζο, σέπια λογιστικό βιβλίο χωρίς κάλυμμα, με καλλιγραφικά γράμματα σε ξεθωριασμένο ροζ στις σελίδες με στήλες, με ποσά, σε λίρες, σελίνια και πένες, τα οποία φυσικά δεν σήμαιναν τίποτα για μένα, απλώς μου κίνησαν την περιέργεια.

Η μητέρα μου στεκόταν σκεφτική. Το σπίτι μας, η Μπέλα Βίστα, έπρεπε να εκκενωθεί μέσα σε είκοσι τέσσερις ώρες. Στους επάνω ορόφους ο πατέρας και οι αδελφές μου, η Κρυστάλη και η Ιολάνθη, πακετάριζαν με τη βοήθεια φίλων και συγγενών. Ο πατέρας μου φύλαγε το τηλεσκόπιο του, το μικροσκόπιο και τους δεκατρείς τόμους της Εγκυκλοπαίδειας Μπριτάνικα, έκδοση του 1913, τυπωμένης σε ρυζόχαρτο. Η Κρυστάλη πακετάριζε τα βιβλία της, και η Ιολάνθη τα παιχνίδια της, μεταξύ των οποίων, τον αγαπημένο της κινέζικο κούκλο, τον Τσεν Φου Πο και ένα λούτρινο μαϊμουδάκι-κλόουν.

Την προηγούμενη μέρα, η αξιοπρέπεια της μητέρας μου είχε δεχτεί ένα σκληρό πλήγμα. Κυκλοφορούσαν φήμες ότι η Γκεστάπο θα έκανε έρευνα στο σπίτι μας, χωρίς όμως να ξέρουμε ακριβώς πότε. Λέχθηκε ότι δόθηκαν πληροφορίες στη Γκεστάπο με αντάλλαγμα κάποιο ρουσφέτι και ότι είχαν καταγγείλει τον πατέρα μου και τους δυο αδερφούς του ως αγγλόφιλους, με τον ισχυρισμό ότι ο πατέρας μου έδινε πληροφορίες στα βρετανικά υποβρύχια που περνούσαν κοντά στην ακτή κάτω από το σπίτι μας. Η Γκεστάπο έκανε έρευνα και στα τρία σπίτια την ίδια μέρα.

Η πρώτη επίσκεψη έγινε στο σπίτι του θείου Κυριάκου, που ήταν ένα κλασικό κρητικό σπίτι. Αν και δεν βρήκαν τίποτα στη διάρκεια της έρευνας, ένας αξιωματικός της Γκεστάπο έσκισε με το σπαθί του ένα μεγάλο πορτρέτο του Ελευθέριου Βενιζέλου, ελπίζοντας ίσως ότι θα έβρισκε χρυσές λίρες κρυμμένες πίσω από τον καμβά.

Στο σπίτι του θείου Κώστα, του μικρότερου αδερφού του πατέρα μου, οι αξιωματικοί της Γκεστάπο συζήτησαν στα γερμανικά με το θείο μου. Φυσικά τους θεωρούσε εχθρούς της πατρίδας του, αλλά είχε επισκεφτεί τη Γερμανία παλιότερα και είχε παρακολουθήσει μια παρέλαση της νεολαίας του Χίτλερ. Μιλούσε καλά γερμανικά και στην αρχή της Κατοχής είχε καταφέρει να σώσει κάποιους Κρητικούς και συγγενείς, σε ένα χωριό, όπου μεγάλο μέρος του ανδρικού πληθυσμού εκτελέστηκε από τους Γερμανούς.

Η Γκεστάπο ήρθε στη Μπέλα Βίστα, εκείνη την ημέρα. Κλείδωσαν τον πατέρα και τις αδερφές μου (εγώ βρισκόμουν στην Αθήνα στο σανατόριο με φυματίωση) σε ένα από τα επάνω υπνοδωμάτια και η μητέρα μου τους συνόδεψε όση ώρα έκαναν έρευνα στο σπίτι. Στο πλατύσκαλο του επάνω ορόφου κρεμόταν μια μεγάλη γκραβούρα του «Μονάρχη του Γκλεν» που μάλλον προερχόταν από την οικία Λίντζι στη Σούδα. Μπήκαν στο γραφείο του πατέρα μου και έδειξαν έκπληξη, όταν είδαν τόσα πολλά αγγλικά βιβλία, αλλά και αμηχανία, καθώς ανοιγόκλειναν συρτάρια, κάτω από το άγρυπνο βλέμμα της μητέρας μου. Μισή Σκωτσέζα - μισή Κρητικιά, η μητέρα μου ήταν περήφανη και αγέρωχη, και αν

3

ένας αξιωματικός είχε τραβήξει το πιστόλι του, σίγουρα θα παρέμενε ακίνητη και ατάραχη.

Αναπολώντας εκείνα τα χρόνια, σκέφτομαι ότι οι Γερμανοί πρέπει να απεχθάνονταν τους Κρητικούς, τους οποίους όμως ανέχονταν αναγκαστικά. Είχαν χάσει πολλούς νέους αλεξιπτωτιστές στη μάχη του Μάλεμε, καθώς και αρκετούς που σκοτώθηκαν στα χωράφια, στα οποία οι ντόπιοι πολέμησαν με όπλα, ξύλα και μαχαίρια, σε μια μάχη, που δεν περίμεναν. Τα αντίποινα υπήρξαν σκληρά. Η αντίσταση της Κρήτης είχε καθυστερήσει την προγραμματισμένη επίθεση της Γερμανίας εναντίον της Ρωσίας και ο παγωμένος ρωσικός χειμώνας καθυστέρησε κι άλλο την προέλαση τους.

Αλλά ας γυρίσουμε στο γραφείο του πατέρα μου εκείνη τη φοβερή μέρα στη Μπέλα Βίστα. Η Γκεστάπο δεν βρήκε το ημερολόγιό του, στο οποίο, αν το έβρισκαν θα είχαν διαβάσει:

6 Απριλίου - η Γερμανία και η Ιταλία επιτίθενται στην Ελλάδα, υποχώρηση του Ελληνικού στρατού. 80.000 Βρετανοί σε φυγή, 30.000 φτάνουν στην Κρήτη. Η δεσποινίς Μπάργκες και η δεσποινίς Χερν μας επισκέφτηκαν για δυο μέρες. 29 Απριλίου- έφυγαν για την Αίγυπτο, κάτω από βομβαρδισμό!

Ούτε βρήκαν το γραμμένο με μολύβι σημείωμα της Κρυστάλης:

Αλεξιπτωτιστές περικυκλώθηκαν σε μικρή γέφυρα, στρατεύματα και στις δυο πλευρές της χαράδρας. Ο κ. Σάβατζ πέρασε στο Λ., φαίνεται κλονισμένος αφού τρεις φορές την γλίτωσε στο παρά πέντε- μια στο αρχηγείο, μια στο συσσίτιο και μια τρίτη έξω από το σπίτι μας.

4

Ούτε έψαξαν εξονυχιστικά την ντουλάπα στο υπνοδωμάτιο των γονέων μου. Στη γωνία στο βάθος, κάτω από το χειμωνιάτικο παλτό του πατέρα μου, κρεμόταν η επίσημη στολή του Αιδεσιμότατου Η. Σάβατζ, εκτός από το καπέλο, το οποίο η αδελφή μου η Κρυστάλη είχε ρίξει στη θάλασσα, αφού το γέμισε με πέτρες, όπου και το πήραν τα κύματα πριν καταφτάσει η Γκεστάπο. Το χειρότερο από όλα όμως ήταν η τρομερή απώλεια του σπιτιού μας, της Μπέλα Βίστα, και το γεγονός ότι το πανέμορφο σπίτι μας θα βρισκόταν στα χέρια των εχθρών, που είχαν καταλάβει την Κρήτη.

Όταν η Γκεστάπο ολοκλήρωσε την έρευνα στην Μπέλα Βίστα, η απόφαση τους ήταν σκληρή. Έπρεπε να εκκενώσουμε και να αδειάσουμε το σπίτι μέσα σε είκοσι τέσσερις ώρες. Μας παραχώρησαν ένα μικρό σπίτι στην παλιά πόλη των Χανίων, όπου θα μετακομίζαμε με όλα μας τα υπάρχοντα.

Η Μπέλα Βίστα ήταν ένα διώροφο σπίτι, με θέα στο Κρητικό Πέλαγος και είχε έξι υπνοδωμάτια, δυο μεγάλα σαλόνια και της τρεις μεγάλες αποθήκες. Ήταν ένα μεγάλο σπίτι, με πολλά έπιπλα και υπάρχοντα, που είχαν μαζευτεί στη διάρκεια των ετών, καθώς και πολλά πράγματα, που είχαν έρθει από το Μάντσεστερ και την οικία Λίντζι στη Σούδα, μεταξύ των οποίων και μια κασέλα του θείου Λίντζι, στην οποία μάλλον υπήρχαν βιβλία, λογιστικά έγγραφα, σχεδιαγράμματα και ημερολόγια. Πώς και γιατί το περιεχόμενο αυτής της κασέλας βρέθηκε στη Μπέλα Βίστα; Ο Τζέιμς Λίντζι πέθανε το 1899 και η γυναίκα του η Μπέτσυ, ένα χρόνο αργότερα. Η Μάγκυ Μοντγκόμερυ, η ανιψιά της Μπέτσυ, πέθανε το 1917 και μετά από το θάνατο της στην οικία Λίντζι έζησαν μόνο η Τζέσυ Λίντζι Κούριερ και η οικογένεια της.

Εκείνη την ημέρα όμως, η μητέρα μου βρισκόταν σε απόγνωση καθώς κοίταζε την κασέλα. Το περιεχόμενο ήταν αγγλικής προέλευσης και η Αγγλία βρισκόταν σε πόλεμο με τη Γερμανία. Ήξερε ότι έπρεπε να προστατέψει τον άντρα και

5

τα παιδιά της και δεν ήθελε αυτά τα προσωπικά έγγραφα να πέσουν στα χέρια των Γερμανών. Σε μια κίνηση απελπισίας μάζεψε όσα έγγραφα μπορούσε στα χέρια της, βγήκε από την αποθήκη με σφιγμένα χείλη και διέσχισε την αυλή μέχρι τον τοίχο που ήταν χτισμένος πάνω από τη θάλασσα. Εκεί άνοιξε τα χέρια της και άφησε τα χαρτιά και τα έγγραφα να πέσουν στη θάλασσα. Καθώς έπεφταν, τα πιο βαριά βιβλία βρέθηκαν στον πάτο, ενώ ο αέρας πήρε μακριά τα ελαφρότερα. Είχε αγωνία, αλλά ήξερε ότι είχε κάνει το σωστό και έτσι συνέχισε να αδειάζει το περιεχόμενο της κασέλας στη θάλασσα, ώσπου δεν έμεινε τίποτα. Τότε μόνο ανέβηκε ατάραχη πάνω για να βοηθήσει τους άλλους να πακετάρουν.

Όταν έπεσε το βράδυ, ακόμα δεν είχε τελειώσει το πακετάρισμα. Κάποιος χτύπησε την εξώπορτα και η μητέρα μου κοίταξε από το πλατύσκαλο να δει ποιος ήταν. Στην πόρτα στεκόταν ο Αιδεσιμότατος Γιόχαν Ματίες (ήταν ο μεθοδιστής ιεροκήρυκας του Γερμανικού στρατώνα, που μόλις έφτασε στα Χανιά, είχε ενδιαφερθεί να μάθει αν υπήρχαν προτεστάντες στην περιοχή. Μιλούσε καλά αγγλικά, είχε γνωριστεί με την οικογένεια μου και είχε γίνει φίλος με πολλούς Κρητικούς: «Ασφαλώς μας μισείτε» φώναξε στη μητέρα μου. Εκείνη απάντησε με μια παράκληση: «Χρειαζόμαστε άλλες είκοσι τέσσερις ώρες, υπάρχουν τόσα πολλά πράγματα να ξεκαθαρίσουμε, δεν προλαβαίνουμε με κανένα τρόπο».

Λίγο αργότερα ο Αιδεσιμότατος επέστρεψε στη Μπέλα Βίστα με μια παράταση είκοσι τεσσάρων ωρών. Αργότερα μας είπε ότι οι Γερμανοί επικεφαλής είχαν ενοχληθεί επειδή έδειχνε υπερβολική επιείκεια στους Κρητικούς και ότι δεν μπορούσε να μεσολαβήσει άλλη φορά. Την επόμενη μέρα φύγαμε από την Μπέλα Βίστα.

Δεν επιστρέψαμε ποτέ. Τα τελευταία 60 χρόνια το σπίτι

κατοικήθηκε από άλλους, κυρίως φίλους. Επισκέπτομαι συχνά το σπίτι και αισθάνομαι την παρουσία των προηγούμενων ενοίκων, αλλά ποτέ των Γερμανών. Άραγε θυμόμαστε μόνο ότι θέλουμε ή μήπως οι Γερμανοί δεν άφησαν κανένα αποτύπωμα; Ακόμα και όταν έφυγαν από την Μπέλα Βίστα δεν ξαναδόθηκε σε μας αλλά στην U.N.R.A. (Αρχή Επαναπατρισμού των Ηνωμένων Εθνών).

Πολλά χρόνια αργότερα, ρωτούσα επανειλημμένα τη μητέρα μου τι περιείχε η ξύλινη κασέλα. Εκείνη πάντα απαντούσε: «Μόνο λογαριασμούς και τιμολόγια». Αλλά εγώ ρωτούσα ξανά και ξανά. Είχα μια εμμονή με αυτό το θέμα. Αν μπορούσα να γυρίσω το χρόνο πίσω, θα έπαιρνα μια καρέκλα, θα άνοιγα το καπάκι και θα κατέγραφα ότι πιστεύω πως περιείχε. Θα διάβαζα συνεχώς. Τότε θα μπορούσα να γράψω μια ακριβή αναφορά της ζωής του Τζέιμς Λίντζι. Εκείνα τα έγγραφα είχαν μεταφερθεί στη Μπέλα Βίστα για να φυλαχθούν σε ασφαλές μέρος, δεν είχαν πεταχτεί από την οικία Λίντζι.

Μετά από πολλά χρόνια απουσίας τελικά επέστρεψα στην Κρήτη, όπου έζησε και αγάπησε ο Τζέιμς Λίντζι πριν από ένα αιώνα. Τώρα μπορώ να περιπλανηθώ γύρω από την οικία Λίντζι, να περπατήσω στον ίδιο δρόμο, να αγναντέψω τη Μαλάξα και τα Λευκά Όρη, όπως έκανε κάποτε εκείνος.

Στα τελευταία χρόνια που πέρασαν, πολλά μέλη της οικογένειας Λίντζι έχουν ξανάρθει στην Κρήτη, καθένα επειδή άκουσε κάτι στην παιδική του ηλικία ή διάβασε ένα παλιό γράμμα που ανέφερε έναν οικογενειακό δεσμό ανάμεσα στο Ντάντι και τη Σούδα και του κίνησε το ενδιαφέρον.

Η γιαγιά Τζέσι μας έλεγε πολλές ιστορίες, τις οποίες επαναλάμβανε πολλές φορές. Τις ξέρω όλες και ελπίζω να καταφέρω να τις αφηγηθώ όπως τις θυμάμαι. Η μητέρα μου, η Νέλλη, ήταν πιο συνεσταλμένη. Απέφευγε να μιλάει για το παρελθόν, ώσπου ήταν πια πολύ αργά. Για μένα όλα αυτά τα χρόνια, η ιστορία των Λίντζι ήταν κομμάτι του εαυτού μου, ήταν δική μου. Η μητέρα μου έλεγε ότι είχα υπερβολική φαντασία και ότι τα μισά πράγματα που έλεγα ήταν μόνο στο μυαλό μου. Η ιστορία που έχω στο μυαλό μου είναι σε σέπια. Όλες οι φωτογραφίες που έχουμε, είτε τραβήχτηκαν στο Ντάντί είτε στα Χανιά, είναι σέπια. Έτσι χρωμάτισα την οικία Λίντζι και την ιστορία του. Ήθελα να μαζέψω όλους εκείνους τους ανθρώπους στις φωτογραφίες και να έρθω κοντά τους. Ήθελα να γράψω για τις χαρές και τις λύπες τους στην Κρήτη και σε άλλα μέρη, ήθελα να γράψω για την ευτυχία τους σε αυτό το πανέμορφο νησί, τη βαθιά νοσταλγία τους για τον τόπο που γεννήθηκαν και τα χρόνια που πέρασαν στη Μεσόγειο. Θα προσπαθήσω να μην ξεφύγω από το θέμα και θα κρατήσω την μορφή του Τζέιμς Λίντζι στο προσκήνιο.

Πριν από δυο χρόνια στο Ντάντί, δυο αδερφοί της οικογένειας Λίντζι βρήκαν τη φωτογραφία μιας ταφόπλακας σε μια τσάντα με παλιά γράμματα και ενθύμια. Στην ταφόπλακα ήταν χαραγμένες οι λέξεις «Τζέιμς Λίντζι, γεννηθείς στο Ντάντί στις 14 Σεπτεμβρίου 1824, απεβίωσε στη Σούδα της Κρήτης, στις 17 Μαΐου 1899». Έτσι ταξίδεψαν στην Κρήτη για να αναζητήσουν αυτόν τον μακρινό πρόγονο.

Μόλις έφτασαν στα Χανιά πήγαν στα γραφεία του Δήμου, στη Σούδα. Η υπεύθυνη έριξε μια ματιά στη φωτογραφία και κούνησε το κεφάλι της σκεφτικά, έκανε ένα τηλεφώνημα και μετά από λίγες ώρες συνάντησα για πρώτη φορά τον Ρόι και τον Έρικ Λίντζι, ανίψια τρίτης γενιάς του Τζέιμς Λίντζι. Αρχίσαμε να κουβεντιάζουμε και έτσι αποφάσισα να καταγράψω την ιστορία.

Ο Τζέιμς Λίντζι και η γυναίκα του η Μπέτσυ (το γένος Μπελ) δεν απέκτησαν παιδιά. Ο αδερφός του Τζέιμς, ο Ουίλιαμ και η γυναίκα του, η Τζάνετ, (το γένος Χορν) είχαν έξι παιδιά. Οι απόγονοι τους ζουν σκορπισμένοι στον Καναδά, στις ΗΠΑ, στη Νότια Αφρική, στην Αυστραλία, στη Νέα Ζηλανδία, στην Αγγλία, στη Σκωτία και στην Ελλάδα.

Αργά αλλά σταθερά, οι απόγονοί τους επιστρέφουν στην Κρήτη, επειδή ξέρουν ότι έχουν ρίζες εδώ. Ακούνε για τον σύνδεσμο ανάμεσα στο Ντάντι και στη Σούδα και θέλουν να μάθουν περισσότερα.

Θα τα καταφέρω να ζωντανέψω την παλιά αυτή ιστορία, που αφορά όλους εκείνους που απεικονίζονται στις σέπια φωτογραφίες; Θα βρω στοιχεία σε ένα γράμμα, σε ένα έγγραφο, σε μια φωτογραφία, σε ένα κομμάτι παλιά δαντέλα ή σε μια προφορική ενθύμηση;

Κεφάλαιο 2

Τζέιμς Λίντζι-
Ντάντί, Κωνσταντινούπολη, Κρήτη

Προσπαθώ να γράψω για τη ζωή ενός ανθρώπου, αλλά δεν ξέρω παρά ελάχιστα για την παιδική του ηλικία. Γνωρίζω την ημερομηνία γέννησης του και σχεδόν τίποτα άλλο. Κι όμως νομίζω ότι ξέρω πώς ήταν ο Τζέιμς, όταν ήταν επτά ετών την πρώτη ημέρα που πήγε σχολείο: ένα γεροδεμένο αγοράκι, ντυμένο με κουστούμι από τουίντ ύφασμα και παντελόνι μέχρι το γόνατο, μαύρες μάλλινες κάλτσες, πλεγμένες στο χέρι και καλογυαλισμένα μποτίνια. Μέσα στη σάκα του, που ήταν από χοντρό ύφασμα, υπήρχε μια μαθητική πλάκα, ένα τετράδιο και κιμωλία.

Ο Τζέιμς Λίντζι ήταν ο πρωτότοκος γιος του Ρόμπερτ και της Τζάνετ Λίντζι. Μετά από πέντε χρόνια γεννήθηκε ο αδερφός του, ο Λάχλαν, για τον οποίο δεν γνωρίζουμε τίποτα. Το όνομα του αναφέρεται στο ληξιαρχείο αλλά δεν υπάρχει καμία αναφορά σε αυτόν στα οικογενειακά αρχεία. Δεν ξέρω πότε πέθανε, ίσως πολύ μικρός. Το 1831 γεννήθηκε ένα άλλο αγόρι, ο Ουίλιαμ. Τον ξέρω καλά, επειδή ήταν ο προπάππος μου. Η Έλεν, το μόνο κορίτσι, γεννήθηκε το 1833. Έχω μια δική της φωτογραφία σέπια μαζί με τους γονείς της, που πιθανώς να τραβήχτηκε, όταν αρραβωνιάστηκε. Η προίκα της ήταν έτοιμη και περιελάμβανε μικρά λεπτοκαμωμένα ασημένια κουταλάκια σε σχέδιο κοχυλιού. Δυστυχώς πέθανε πριν από το γάμο και η προίκα της πρέπει να μοιράστηκε σε άλλα μέλη της οικογένειας, αφού εγώ και οι αδερφές μου είχαμε ένα από αυτά τα κουταλάκια η καθεμία. Ο μικρότερος αδερφός, ο Τζορτζ, γεννήθηκε το 1837, αλλά μετά χάνονται τα ίχνη του, αν και το όνομα Τζορτζ εμφανίζεται στην οικογένεια στις επόμενες τρεις γενιές.

Έχει ενδιαφέρον η επαγγελματική απασχόληση των Λίντζι. Σε διάφορα πιστοποιητικά βλέπουμε αναφορές όπως 'υφαντουργοί', 'πατατέμποροι', 'έμποροι τσαγιού' και 'μανάβης'. Υπάρχει μια φωτογραφία του καταστήματος του πατατέμπορου: ένας Λίντζι που φοράει ημίψηλο καπέλο, με την άμαξα του, μερικοί εργάτες και κάποιες γυναίκες στέκονται γύρω από την είσοδο κάτω από μια μεγάλη επιγραφή που γράφει «Εμπόριο πατάτας» Υπάρχει ένα ανέκδοτο από εκείνη την εποχή, που το διηγήθηκε ο Ουίλιαμ Λίντζι πολύ αργότερα, όταν ήταν παντρεμένος και είχε μεγαλώσει η κόρη του, η Τζέσυ, η γιαγιά μου. Μια μέρα η Τζέσυ πήγε να επισκεφτεί τον πατέρα της στο μαγαζί, μαζί με ένα νεαρό άντρα που ζήτησε ευγενικά το χέρι της. Ο προπάππος μου, με βλοσυρό ύφος, έριξε μια ματιά στο νεαρό και μετά του έδειξε ένα σακί με πατάτες που βρισκόταν εκεί κοντά, και του είπε: «Μπορείς να πάρεις αυτό». Μια από τις πολλές άτυχες αισθηματικές ιστορίες της Τζέσυ!

Ξέρουμε ότι οι Λίντζι είχαν χειροκίνητους αργαλειούς με τους οποίους ύφαιναν λινό και όταν βγήκαν οι μηχανοκίνητοι αργαλειοί έμειναν χωρίς δουλειά. Άραγε τότε ασχολήθηκαν με το εμπόριο πατάτας και τσαγιού; Έχω δυο μικρά πετσετάκια τσαγιού με τραβηγμένες κλωστές και τελείωμα από δαντέλα φτιαγμένη με βελονάκι, που πιστεύω ότι έφτιαξε μόνη της η Τζέσυ ή τα παρήγγειλε σε κάποια γυναίκα στη Σούδα. Η δαντέλα είναι κρητικό σχέδιο και έχω δώσει το ένα πετσετάκι στον Έρικ.

Αλλά ας επιστρέψουμε στο νεαρό Τζέιμς Λίντζι, εκείνη τη βροχερή μέρα που πηγαίνει σχολείο στο Ντάντί. Γεννήθηκε σε μια πολύ ενδιαφέρουσα εποχή της Ιστορίας της Σκωτίας. Διάβασα λίγη Ιστορία από τα τέλη του 18ου και τις αρχές του 19ου αιώνα, που ήταν μια περίοδος μεγάλης προόδου αλλά και μεγάλης ανέχειας. Το έδαφος της Σκωτίας ήταν άγονο και οι οικογένειες πολυμελείς: εξαιτίας της φτώχειας και της πείνας πολλά παιδιά πέθαιναν μικρά. Η ιστορία των απελάσεων είναι γνωστή, αλλά με την εμφάνιση της πατάτας, οι αγρότες μπορούσαν να τραφούν καλύτερα και επίσης βελτιώθηκε το σύστημα υγείας, μειώνοντας έτσι την παιδική θνησιμότητα. Το αποτέλεσμα ήταν μια ραγδαία αύξηση του πληθυσμού, η οποία οδήγησε σε μεγαλύτερο ποσοστό εθελοντικής μετανάστευσης.

Στο άλλο άκρο της κοινωνικής κλίμακας η Σκωτία άνθιζε. Το Εδιμβούργο με την εκπληκτική αρχιτεκτονική ονομάστηκε «η Αθήνα του Βορρά.» Τα πανεπιστήμια της Σκωτίας έγιναν ξακουστά και αυξήθηκε ο αριθμός των φοιτητών στις Σχολές Ιατρικής, Νομικής, μηχανικών και Λογοτεχνίας. Ο Ρόμπερτ Μπερνς έγραψε τα ποιήματα και τραγούδησε τα άσματα του. Ο Γουόλτερ Σκοτ έγραψε τα έξοχα μυθιστορήματα του. Τα πορτρέτα έγιναν μόδα. Είναι πασίγνωστοι οι μεγάλοι ζωγράφοι και η τέχνη εκείνης εποχής, όπως «Ο Αιδεσιμότατος Ρόμπερτ Γουόκερ κάνοντας πατινάζ στη λίμνη Ντάντιγκστον» του Henry Raeburn. Γιατροί και μηχανικοί γίνονταν γνωστοί και εκτός συνόρων. Στη Ρωσία και στην Τουρκία, Σκωτσέζοι κατείχαν σημαντικές θέσεις και πολλοί έγιναν ιεραπόστολοι, στρατιωτικοί, εξερευνητές. Η επιτυχία στο εξωτερικό και μια έμφυτη αγάπη για τα ταξίδια έγιναν αιτία πολλοί Σκωτσέζοι να μεταναστεύσουν σε κάθε γωνιά της γης. Επιτυχίες σημειώθηκαν σε πολλά εγχειρήματα από φτωχούς κουρελήδες μετανάστες και από πετυχημένους επαγγελματίες. Καθώς εξελισσόταν η ναυπηγική, η τεχνολογία και η επιστήμη, πολλοί Σκωτσέζοι εντός και εκτός συνόρων έγιναν επιφανείς προσωπικότητες. «*Τα σκωτσέζικα ονόματα είναι τα λαμπρότερα αστέρια στο στερέωμα*» γράφει ο J.D. Mackie, στην Ιστορία της Σκωτίας.

Οι Λίντζι από το Ντάντί ανήκαν στη μεσοαστική τάξη. Δεν ήταν ούτε άποροι μετανάστες ούτε διάσημα ονόματα της Ιστορίας. Η βιομηχανία της πατάτας ήταν η σημαντικότερη εμπορική δραστηριότητα του Ντάντί. Οι Λίντζι είχαν αρκετή τροφή και ρούχα και τα παιδιά πήγαν σχολείο. Φαίνεται όμως ότι μόνο ο Τζέιμς Λίντζι πήγε στο πανεπιστήμιο. Το σπίτι τους είχε όλες τις ανέσεις της εποχής, όχι βέβαια με τα σημερινά δεδομένα. Η πρωινή προσευχή και η προσέλευση στην κυριακάτικη λειτουργία ήταν υποχρεωτικές.

Η οικογένεια Λίντζι, όπως συνηθιζόταν στην κοινωνική τους τάξη, πόζαραν για οικογενειακές φωτογραφίες, ενώ ο Ρόμπερτ και η Τζάνετ Λίντζι προτίμησαν να αποθανατιστούν σε πορτρέτα. Ο Ρόμπερτ μοιάζει με τον Γκλάντστοουν: φοράει μαύρο κουστούμι, ρολόι με αλυσίδα και φαίνεται ένας σεβάσμιος οικογενειάρχης της εποχής του, ενώ η Τζάνετ είναι μια μάλλον άσχημη, μια παχουλή, ηλικιωμένη κυρία με βαριά βλέφαρα που φοράει ένα σκούφο δεμένο στο πηγούνι και μια μεγάλη καρφίτσα στερεωμένη στο γιακά του στενού μπούστου της. Πάντα μας έλεγαν, με απολογητικό ύφος, ότι το πορτρέτο της είχε γίνει από μια φωτογραφία, μετά το θάνατο της.

Όταν ο Τζέιμς τελείωσε τις σπουδές του ως μηχανικός στο Ινστιτούτο Βαττ του Ντάντί, η οικογένεια είχε πλέον μεγαλώσει και τώρα υπήρχαν άλλες προτεραιότητες. Είχε έρθει η ώρα να φροντίσει για το μέλλον του. Εκείνη την εποχή θα μπορούσε να είχε βρει δουλειά στη Σκωτία, αλλά φοβάμαι ότι μάλλον θα χρειαστεί να κάνω υποθέσεις σε αυτό το σημείο. Πόσο χρονών ήταν; Είκοσι; Ήξερε για τις μακρινές χώρες και την πιθανότητα της επιτυχίας στο εξωτερικό; Στο βιβλίο *Η ζωή των Λίντζι* του Σερ Αλεξάντερ Λίντζι, αναφέρεται κάποιος Αιδ. Χένρι Λίντζι, ο οποίος ήταν ιερέας στη Βρετανική Πρεσβεία της Κωνσταντινούπολης γύρω στο 1857 και συγγραφέας αρκετών βιβλίων.

Άραγε γνωρίζονταν ο Τζέιμς με τον Αιδεσιμότατο Λίντζι; Ίσως να συναντήθηκαν αργότερα στην Κωνσταντινούπολη ή ίσως η τουρκική κυβέρνηση να είχε προκηρύξει θέσεις για επαγγελματίες. Ξέρουμε ότι Γερμανοί, ή μάλλον Πρώσοι, εκπαίδευσαν τον τουρκικό στρατό. Ο τομέας των κατασκευών όμως βρισκόταν σε βρετανικά χέρια και η Τουρκία πάντα ήταν σε θέση να αξιοποιεί τις γνώσεις και τον πολιτισμό της Δυτικής Ευρώπης. Είτε προσκλήθηκε είτε όχι, η Τουρκία ήταν ο προορισμός του Τζέιμς. Θα είχε χρειαστεί να πληρώσει τα έξοδα του ταξιδιού και εκείνο τον καιρό παντρεύτηκε την Μπέτσυ Μπελ, η οποία τον περνούσε κατά έντεκα χρόνια. Άραγε εκείνη είχε τα χρήματα;

Σε αυτό το σημείο θα σταματήσω να θέτω ερωτήσεις που δεν έχουν απάντηση. Θα διηγηθώ την ιστορία όπως τη βλέπω στο μυαλό μου. Από τότε που ήμουν έξι χρονών, άκουγα ιστορίες για το θείο Λίντζι και τη γυναίκα του, για τα χρόνια που πέρασαν στη Σούδα. Μόνο εγώ ξέρω πόσο βαθιά ριζωμένες είναι αυτές οι ιστορίες.

Στη πολύχρονη ζωή μου υπήρξαν διαστήματα που οι καθημερινές ασχολίες δεν μου άφηναν χρόνο να σκεφτώ το παρελθόν, αλλά εκείνες οι μνήμες επανέρχονταν. Η παιδική μου ηλικία με τη γιαγιά στην οικία Λίντζι και αργότερα οι ώρες που πέρασα με την ηλικιωμένη πλέον μητέρα μου στην Αθήνα, όταν καθόμασταν και συζητούσαμε, εκείνη καθισμένη στη μεγάλη πολυθρόνα της, ενώ κοιτάζαμε πότε-πότε τις σέπια φωτογραφίες για να θυμηθούμε άλλη μια φορά ονόματα και συγγένειες από το παρελθόν. Κυρίως τώρα που επέστρεψα στην Κρήτη και μπορώ να επισκέπτομαι την οικία Λίντζι, όποτε θέλω, με τις συσσωρευμένες αναμνήσεις που καλύπτουν 141 χρόνια, από το 1868 μέχρι το 2011, το βρίσκω εκπληκτικό! Σε άλλες οικογένειες υπάρχουν πολλά κουτιά με επιστολές, αλλά στη δική μου όχι. Η μητέρα μου δυστυχώς φρόντισε να τις πετάξει όλες. Αν ήμουν νεότερη θα πήγαινα στην Κωνσταντινούπολη να κάνω μια έρευνα. Όπως έχουν όμως τα πράγματα, απλώς θα πω την ιστορία, όπως τη θυμάμαι και μερικές φορές θα βασιστώ στη φαντασία μου.

Ο Τζέιμς Λίντζι αποφάσισε να πάει στην Κωνσταντινούπολη, σίγουρος ότι θα έβρισκε δουλειά εκεί ως μηχανικός. Αργότερα το 1860, ο πατέρας του, ο Ρόμπερτ, του άφησε κάποια περιουσία στο Ντάντι, αλλά εκείνο τον καιρό ίσως να μην μπορούσε να τον στηρίξει οικονομικά ή ίσως και να τον βοήθησε. Παντρεμένος πλέον με την Μπέτσυ Μπελ, ο Τζέιμς ξεκίνησε για την Κωνσταντινούπολη. Άραγε πώς ταξίδεψε το ζευγάρι; Από ξηράς διασχίζοντας την Ευρώπη; Όχι, αυτή τη διαδρομή έκαναν οι πλούσιοι, με το τέθριππο, κάνοντας τη 'Μεγάλη Περιήγηση'. Το πιθανότερο είναι να ταξίδεψαν από τη Σκωτία μέσω Λονδίνου με κάποιο από τα καινούρια ατμόπλοια που έπλεαν κατά μήκος της ανατολικής ακτής. Θα είχε φορτώσει στο πλοίο τη μεγάλη ξύλινη κασέλα του, που ακόμα βρίσκεται στην οικογένεια και έχει τη δική της ιστορία.

Η κασέλα μεταφέρθηκε στη Μπέλα Βίστα από την οικία Λίντζι. Εκεί τη βάλαμε στο σπιτάκι στον κήπο, κοντά στο παράθυρο σαν κάθισμα και την είχαμε βάψει μπλε. Επάνω τοποθετήσαμε μπλε και λευκά μαξιλάρια. Μαζί με την Κρυστάλη είχαμε διακοσμήσει το σπιτάκι στον κήπο με ζωγραφιές και στάμπες που απεικόνιζαν δελφίνια και ναυτάκια. Μερικά χρόνια αργότερα, όταν αλλάξαμε ντεκόρ στο σπιτάκι και ζωγραφίσαμε μια διακοσμητική λωρίδα με τουλίπες στον τοίχο και μοτίβα με λουλούδια, η κασέλα

15

βάφτηκε κόκκινη και συνέχισε να χρησιμοποιείται ως κάθισμα. Θυμάμαι ότι γονάτιζα πάνω στην κασέλα και έσκυβα έξω από το παράθυρο, αγναντεύοντας τη θάλασσα και ονειροπολώντας για το μέλλον μου και όχι βέβαια για τον θείο Λίντζι. Μακάρι να μπορούσα να έλεγα σε εκείνο το νέο κορίτσι ότι μετά από πολλά χρόνια θα βρισκόταν στην Κρήτη και θα έγραφε την οικογενειακή της ιστορία. Όταν πήγα στην Αθήνα πήρα την κασέλα μαζί μου - που τώρα ήταν πράσινη - όπως και παρέμεινε για χρόνια. Δεν την αποχωρίστηκα ποτέ, όσες φορές και αν μετακόμισα. Στο τελευταίο μου σπίτι στην Αθήνα, στα Άνω Ιλίσια, είχα τοποθετήσει πάνω στην κασέλα το στερεοφωνικό μου. Η ανιψιά μου, η Νέλλη, που τώρα μένει σε εκείνο το σπίτι, έχει τοποθετήσει περιοδικά και βιβλία στην επιφάνεια της κασέλας. Αν και έχω αρκετά πράγματα από την οικία Λίντζι, πάντα αγαπούσα ιδιαίτερα την κασέλα του θείου μου, σαν ένα από τα πιο προσωπικά του αντικείμενα.

Έτσι ο Τζέιμς και η Μπέτσυ Λίντζι επιβιβάστηκαν στο πλοίο στη Σκωτία, εκείνος με την κασέλα του και εκείνη με τις καπελιέρες της. Ταξίδευαν για το Βυζάντιο, νότια από τη Σκωτία, περνώντας από τον Βισκαϊκό κόλπο, ένα φουρτουνιασμένο ταξίδι μέσα από τα στενά του Γιβραλτάρ στη Μεσόγειο και περνώντας από τα ελληνικά νησιά. Κάποια στιγμή πρέπει να έπλευσαν κοντά στη βόρεια ακτή της Κρήτης. Πού να ήξεραν ότι μια μέρα θα γύριζαν σε αυτό το νησί και θα ζούσαν εκεί ευτυχισμένοι! Το πλοίο στη συνέχεια στράφηκε βόρεια προς την ανατολική ακτή των Δαρδανελλίων και το Βόσπορο. Τότε θα έβλεπαν για πρώτη φορά μια από τις ωραιότερες πρωτεύουσες του κόσμου, την Κωνσταντινούπολη, με τους χρυσαφένιους τρούλους των εκκλησιών και τους μιναρέδες να υψώνονται στον ουρανό. Η μυρωδιά των μπαχαρικών της Ανατολής θα γέμιζε τα ρουθούνια τους. Θα ήθελα να βρισκόμουν δίπλα τους εκείνη την ώρα, καθώς αποβιβάστηκαν σε μια ξένη χώρα, χωρίς να μιλάνε λέξη ελληνικά ή τουρκικά, να έβλεπα τι έκαναν και πού πήγαν. Διάβαζα πρόσφατα ένα βιβλίο για την Κωνσταντινούπολη τον 19ο αιώνα. Ήταν η πιο κοσμοπολίτικη πόλη του κόσμου, με μια μακροχρόνια και ταραγμένη ιστορία, υπό την κυβέρνηση των Τούρκων και με μεγάλες κοινότητες Ελλήνων, Εβραίων, Αρμενίων και Ευρωπαίων.

Άραγε ποιος τους υποδέχτηκε; Πού πήγαν με τις αποσκευές τους; Ήταν το 1848 ή το 1850; Τι θάλασσα και τι γη! Η θάλασσα του Μαρμαρά, ο Βόσπορος, η Μαύρη Θάλασσα, το Χρυσό Κέρας και η ακτή της Μικράς Ασίας απέναντι από τον Γαλατά και τα Πριγκιποννήσια! Η δεκαετία του 1850 ήταν σημαντική για την τούρκικη Ιστορία. Η γη και οι άνθρωποι ήταν πλούσιοι και τα εμπορεύματα μεταφέρονταν από την Ανατολή στη Δύση διά μέσου των λιμανιών της: μπαχαρικά, υφάσματα, ορυκτά και προϊόντα από την Ανατολή. Ολοένα περισσότεροι ξένοι πήγαιναν στην Κωνσταντινούπολη. Στη μεγάλη πόλη υπήρχαν πρεσβείες από όλες τις χώρες, καθώς και τραπεζίτες και πρόξενοι, μεταξύ των οποίων και ο Αιδεσιμότατος Χένρυ Λίντζι. Εκείνη την εποχή ο Σουλτάνος είτε δεν ήταν «δημοφιλής», είτε δεχόταν πιέσεις από τους Ευρωπαίους για να εφαρμόσει «ίσα δικαιώματα» για τις πολυπολιτισμικές κοινότητες της πόλης. Επιτρεπόταν η λειτουργία των χριστιανικών εκκλησιών και ο ελληνικός πολιτισμός άνθιζε.

Διαβάζοντας την Ιστορία της εποχής βρήκα μια ενδιαφέρουσα ημερομηνία. Το 1847-1849 δυο Ελβετοί αδελφοί προσλήφθησαν από τον Σουλτάνο για να κάνουν κάποιες επισκευές στην εκκλησία της Αγίας Σοφίας. Όταν αφαίρεσαν τον παλιό σοβά από τους τοίχους, ήρθαν ξανά στο φως τα εκπληκτικά μωσαϊκά. Ο Τζέιμς και η Μπέτσυ ασφαλώς θα επισκέφτηκαν την εκκλησία και θα θαύμασαν αυτά τα αριστουργήματα.

Διάβασα μια λεπτομερή περιγραφή του κεντρικού δρόμου Πέρα, γνωστή ως Grande Rue de Pera, όπου περίπου τα μισά καταστήματα ανήκαν σε Έλληνες και όπου βρισκόταν η καθολική εκκλησία του Αγίου Αντωνίου. Η αγορά των μπαχαρικών ήταν η πιο φημισμένη της Ανατολής και η αρχιτεκτονική είχε επιρροές από πολλούς πολιτισμούς, ξύλινα σπίτια με χαγιάτια και καφασωτά, όπου οι γυναίκες μπορούσαν να κάθονται και να βλέπουν τους περαστικούς. Διάβασα επίσης μια λεπτομέρεια που μου έκανε εντύπωση: οι στέγες των σπιτιών είχαν ένα στρώμα μόλυβδου κάτω από τα κεραμίδια. Άραγε ήταν ένα είδος μόνωσης; Πολλά χρόνια αργότερα όταν ο Τζέιμς Λίντζι έχτισε το σπίτι του στην Κρήτη, τοποθέτησε κι εκείνος ένα στρώμα μόλυβδου κάτω από τα κεραμίδια, το οποίο ανακαλύφθηκε όταν οι Γερμανοί βομβάρδισαν την Σούδα και έπαθε ζημιές ο επάνω όροφος του σπιτιού. Σίγουρα ο νεαρός Τζέιμς Λίντζι εμπλούτισε τις γνώσεις του στην Κωνσταντινούπολη.

Πού έζησε όλα εκείνα τα χρόνια μέχρι το 1869, όταν έφυγε για την Κρήτη; Η έρευνα μου αποκάλυψε ότι οι Ευρωπαίοι προτιμούσαν να ζουν στην θρακική όχθη του Βόσπορου και ότι σε ένα από αυτά τα κτίρια στεγαζόταν η Βρετανική πρεσβεία, ενώ κατά μήκος της ακτής υπήρχε μια σειρά από επιβλητικές επαύλεις, χτισμένες πάνω στη θάλασσα του Μαρμαρά, μια περιοχή όπου βρίσκονταν οι πρεσβείες της Βρετανίας, της Ισπανίας, της Γαλλίας και άλλες.

Μετά από την ψήφιση του νόμου περί «Ίσων Δικαιωμάτων» η Λογοτεχνία και η Τέχνη άνθισαν. Η Ελληνική Λογοτεχνική Ένωση της Κωνσταντινούπολης, η Ακαδημία, το Πανεπιστήμιο και το Υπουργείο Παιδείας, εγκαινιάστηκαν το 1861 και ο Τζέιμς Λίντζι ήταν εκεί!

Είναι εύκολο να γράφει κανείς γενικές πληροφορίες αλλά τι ακριβώς έκανε ο Τζέιμς Λίντζι στην Κωνσταντινούπολη από την ημέρα που εγκαταστάθηκε εκεί μέχρι την ημέρα που η τούρκικη κυβέρνηση τον έστειλε στην Κρήτη για να χτίσει το μεγάλο Ναύσταθμο στη Σούδα; Αυτό είναι το μεγάλο μου ερώτημα! Μια φορά, όταν η συνεσταλμένη και σιωπηλή μητέρα μου, που πλέον είχε περάσει τα ογδόντα, αισθάνθηκε ότι έπρεπε να πει μερικά πράγματα για την οικογενειακή ιστορία, μου είπε ότι: «ο Τζέιμς Λίντζι έχτισε το λιμάνι του Βοσπόρου». Αυτά ήταν τα ακριβή της λόγια, αλλά τι σήμαιναν; Ίσως η μητέρα μου, βλέποντας πόσο με ενδιέφερε το παρελθόν, να σκέφτηκε ότι τελικά δεν έπρεπε να είχε αδειάσει στη θάλασσα το περιεχόμενο της ξύλινης κασέλας στη Μπέλα Βίστα.

Οι Λίντζι πρέπει να έζησαν περίπου δεκαπέντε χρόνια στην Κωνσταντινούπολη. Ο Τζέιμς θα έμαθε τουρκικά και λίγα ελληνικά. Από το σπίτι τους στην Τουρκία έχω ακόμα το κάτω μέρος μιας όμορφης λάμπας από οπαλίνα, σε λευκό και πράσινο, μια σουπιέρα, ένα μοναδικό κομμάτι από ένα σερβίτσιο σε γκρι και λευκό με έναν μαίανδρο σε ανοικτό καφέ. Υπάρχει επίσης ένα πιάτο με φύλλα κισσού (που μπορεί να προέρχεται από τη Σκωτία) και ένα πήλινο πιθάρι που ίσως να χρησιμοποιούσαν για να φυλάξουν λαρδί ή πιπερόριζα.

Δεν υπάρχουν φωτογραφίες του Τζέιμς και της Μπέτσυ στην Τουρκία. Άραγε εκείνα τα χρόνια επέστρεψαν καμιά φορά στο Ντάντι; Υπάρχει όμως ένα ακόμα όμορφο ενθύμιο: το ανατολίτικο σάλι της θείας Μπέτσυ από λεπτό μετάξι με μαύρα κρόσσια, που φύλαξε η γιαγιά μου και το έδωσε στη μητέρα μου.

Αλλά ας επιστρέψουμε στα καθήκοντα του Τζέιμς Λίντζι στην Κωνσταντινούπολη. Πρόσφατα μιλούσα με τον κ. Ποταμιτάκη, ιστορικό της Κρήτης, ο οποίος έχει ερευνήσει και γράψει για την Ιστορία της Σούδας και φυσικά η κατασκευή του Ναύσταθμου και των λιμενικών εγκαταστάσεων, περιλαμβάνονται στην έρευνα του. Πριν από μερικά χρόνια, όταν μια ομάδα από απογόνους των Λίντζι επισκέφτηκαν την Κρήτη, μας ξενάγησε στο Ναύσταθμο και στα κτίρια και μας εξήγησε ποια ήταν τα παλιά σημεία και ποια τα πιο πρόσφατα. Αργότερα φάγαμε όλοι μαζί με τα ξαδέρφια μου, τους Κουριεράκηδες σε μια ψαροταβέρνα δίπλα στη θάλασσα. Για μια ακόμα φορά αναζωπυρώθηκε η επιθυμία μου να μάθω περισσότερα για το παρελθόν και από τότε συναντηθήκαμε αρκετές φορές με τον κ. Ποταμιτάκη.

Όπως γράφει ο ίδιος:

Από την εποχή της Αιγυπτιακής κατοχής στην Κρήτη, η γη κοντά στη θάλασσα στη Σούδα είχε επιλεχθεί ως η πιο κατάλληλη περιοχή για το ναύσταθμο. Τα έργα είχαν προχωρήσει πολύ αργά, έως το 1869 όταν η Τουρκική κυβέρνηση και ο σκωτσέζος αρχιτέκτονας και μηχανικός Τζέιμς Λίντζι που είχε κατασκευάσει επίσης το λιμάνι του Βοσπόρου, έχτισαν το ναύσταθμο. Ο Τζέιμς Λίντζι με την εμπειρία και την αρχιτεκτονική του γνώση της εποχής, σχεδίασε, επέβλεψε και ολοκλήρωσε το έργο.

Η παραπάνω παράγραφος βρίσκεται στα Ναυτικά Αρχεία της Σούδας. Όπως μου είπε επίσης ο κύριος Ποταμιτάκης, θα ήταν άσκοπο να αναζητήσω περισσότερες πληροφορίες για την Κωνσταντινούπολη, καθώς οι Τούρκοι ήταν ιδιαίτερα φειδωλοί στην αποκάλυψη στοιχείων σχετικά με το παρελθόν της πολιτικής τους ιστορίας.

Έτσι, το 1869, ο Τζέιμς και η Μπέτσυ θα άφηναν το σπίτι και τους φίλους τους στην Κωνσταντινούπολη και θα μετακόμιζαν στην Κρήτη. Νομίζω ότι μπορώ να πω με βεβαιότητα, από την παραπάνω αναφορά, ότι ο Τζέιμς Λίντζι πρέπει να έχαιρε μεγάλης εκτίμησης από την τουρκική κυβέρνηση για να του αναθέσουν την κατασκευή του μεγάλου

Ναυστάθμου της Σούδας. Αναρωτιέμαι τι αισθανόταν τότε το μεσήλικο άτεκνο ζευγάρι, για αυτή την ξαφνική αλλαγή στη ζωή τους. Η ζωή τους σε μια κοσμοπολίτικη πρωτεύουσα όπως η Κωνσταντινούπολη πρέπει να ήταν ευχάριστη, αν και χωρίς ιδιαίτερο ενδιαφέρον: βόλτες με κότερα, ιστιοπλοΐα και ψάρεμα, εκδηλώσεις στις λέσχες και στην πρεσβεία με μια μεγάλη βρετανική και διεθνή κοινότητα. Άραγε είχαν αφομοιωθεί στους κύκλους της υψηλής κοινωνίας της Κωνσταντινούπολης; Η Μπέτσυ είχε φορέσει το μεταξωτό της σάλι σε βραδινές δεξιώσεις; Πόσες ερωτήσεις θα ήθελα να κάνω!

Για άλλη μια φορά ο Τζέιμς Λίντζι μάζεψε τα υπάρχοντα του στο μπαούλο και η Μπέτσυ πακετάρισε τα ρούχα και τα κοσμήματα της, τα είδη σπιτιού και τα έπιπλα. Άραγε ταξίδεψαν με πλοίο απευθείας από την Κωνσταντινούπολη στα Χανιά; Πόσο χαίρομαι που συνέβη αυτό, γιατί αλλιώς πού θα ήμουν εγώ, με αυτήν την υπέροχη ιστορία για τους σκωτσέζους προγόνους μου, των οποίων τα γονίδια σίγουρα κληρονόμησα. Οι αναμνήσεις τους με συντρόφεψαν όλη τη μακρόχρονη ζωή μου. Θέλω όλα τα ξαδέλφια, μικρά και μεγάλα, να γνωρίζουν το σύνδεσμο μεταξύ Κρήτης και Σκωτίας. Δυο χώρες και δυο πολιτισμοί που ενώθηκαν στη Σούδα.

Κεφάλαιο 3

Κρήτη- Ιστορία και Πολιτική

Το 1869 ο Σουλτάνος Αμντούλ Αζίζ στην Κωνσταντινούπολη ανέθεσε στον Τζέιμς Λίντζι να πάει στη Σούδα για να ολοκληρώσει την κατασκευή του μεγάλου Ναυστάθμου. Τα σχέδια για το Ναύσταθμο είχαν γίνει νωρίτερα από τους Αιγυπτίους. Ο Ναύσταθμος εγκαινιάστηκε το 1872. Περιελάμβανε αρκετά κτίρια που στέγαζαν τη διοίκηση, το προσωπικό, εργαστήρια και ένα νοσοκομείο. Για λόγους ασφαλείας, στην πλευρά του συγκροτήματος που έβλεπε στο δρόμο είχε κτιστεί ένας ψηλός πέτρινος τοίχος. Τα κτίρια μέσα στο Ναύσταθμο μπορεί να άλλαξαν με την πάροδο των ετών, αλλά ο τοίχος παραμένει ακόμα ένα πρότυπο καλής «σκωτσέζικης» αρχιτεκτονικής, καθώς στέκεται ακόμα γερά μετά από 150 χρόνια. Θυμάμαι ως παιδί να περπατάμε με τις αδερφές και τη μητέρα μου κατά μήκος του τοίχου. Μια φορά η μητέρα μου βρήκε ένα λευκό ξεραμένο πουκάμισο φιδιού με λεπτά σχέδια σε μια ρωγμή στον τοίχο. Όπως ανέφερα και προηγουμένως, το 2001, ο κύριος Ποταμιτάκης μας ξενάγησε στο Ναύσταθμο, μαζί με τα ξαδέρφια μου Έρικ και Ρόι.

Μέσα σε μια παράγραφο έχω αναφερθεί σε τρεις

ημερομηνίες: την κατασκευή του μεγάλου Ναυστάθμου το 1872, το πουκάμισο του φιδιού το 1927 και την επίσκεψη δυο απογόνων των Λίντζι το 2001. Ο χρόνος δεν έχει ιδιαίτερη σημασία, όταν διηγείσαι μια ιστορία, πηγαίνεις από τη μια ανάμνηση ή γεγονός στο άλλο, σα να είναι σκαλοπάτια. Τώρα στέκομαι στο κατώφλι του 2005 και θέλω να συνεχίσω την ιστορία που ξεκίνησα πέρυσι. Το σημαντικό είναι ότι βρίσκομαι στον ίδιο τόπο, όπου συνέβησαν όλα αυτά πριν από τόσο χρόνια.

Τώρα λοιπόν μια μεγάλη αλλαγή συνέβαινε στη ζωή του Τζέιμς και της Μπέτσυ Λίντζι. Άραγε συνειδητοποίησαν πόσο διαφορετικά θα ζούσαν στην Κρήτη μετά από την λαμπρότητα της Κωνσταντινούπολης;

Τον Απρίλιο 1865, ο Έντουαρντ Ληρ επισκέφτηκε την Κρήτη και περιγράφει την εμπειρία του στο «Κρητικό Ημερολόγιο». Καθώς οι Λίντζι έφτασαν μόλις τέσσερα χρόνια αργότερα, η περιγραφή του Ληρ, που παραθέτω παρακάτω, δεν μπορεί να διαφέρει πολύ από εκείνη του Τζέιμς Λίντζι. Η αυστριακή γραμμή του Λόυντ «Τριεστίνο» έκανε κάθε δυο εβδομάδες το ταξίδι από την Τεργέστη στην Κωνσταντινούπολη και μέσω Σύρου στην Κρήτη. Ο Έντουαρντ Ληρ ήρθε από την Κέρκυρα μέσω Σύρου στα Χανιά.

Επιβιβάστηκα στο 'Περσία' (Αυστριακό Λόυντ) για τα Χανιά. Το πλοίο έμεινε αγκυροβολημένο στη Σύρο όλη μέρα και απέπλευσε για τα Χανιά στις 10.30 μ.μ. κάνοντας ένα ταξίδι 15-16 ωρών. Είδα την Κρήτη στις 1 π.μ. Το 'Περσία' σκαμπανέβαζε αλλά μπότζαρε λίγο. Στις 5 μ.μ. μπήκαμε στο λιμάνι των Χανίων. Δεν είδα όμως την πανέμορφη προσέγγιση στο νησί γιατί ο ουρανός ήταν συννεφιασμένος και αργότερα έπεφτε πυκνή βροχή. Το λιμάνι είναι

23

πολύ γραφικό, το παλάτι του Πασά κλπ. αλλά
οι βάρκες και τα έντεκα αντικείμενα έφτασαν
στην ακτή. Κανένα πρόβλημα με τις αποσκευές
κλπ. το ξενοδοχείο όμως (Κωνσταντινούπολη)
δεν έχω λόγια!!

Ο Έντουαρντ Ληρ ήταν πολύ οικεία μορφή για μας στην παιδική μας ηλικία με τα ποιήματα και τους σατιρικούς του στίχους:

Η κουκουβάγια κοίταξε τα αστέρια ψηλά
και τραγουδούσε με μια μικρή κιθάρα
Ω όμορφη γατούλα, ω γατούλα αγάπη μου
τι όμορφη γατούλα που είσαι'...

Δυστυχώς ο Έντουαρντ Ληρ δεν πέρασε καλά τους δυο μήνες που έμεινε στην Κρήτη. Ήταν ακόμα αρχές Απριλίου και πολλές φορές η βροχή τον εμπόδιζε να ζωγραφίζει στην ύπαιθρο. Μέσα στα ενετικά τείχη στα Χανιά συνωστίζονταν άνθρωποι από κάθε γωνιά της γης, γάτες, σκύλοι και αρουραίοι. Οι βρακοφόροι Κρητικοί σπάνιζαν, καθώς οι περισσότεροι ζούσαν στα χωριά. Η πόλη κατακλυζόταν από Τούρκους στρατιώτες, Αλβανούς, Εβραίους και γύφτους. Στους δρόμους υπήρχαν αρκετοί λεπροί και η πόλη γενικά ήταν υποβαθμισμένη και βρώμικη.

Οι πρόξενοι των Μεγάλων Δυνάμεων είχαν τις επαύλεις τους έξω από τις πύλες της πόλης των Χανίων, σε απόσταση ενός χιλιομέτρου, στη Χαλέπα. Εδώ ο Έντουαρντ Ληρ βρήκε πιο ευχάριστη συντροφιά και φιλοξενήθηκε από τον Βρετανό πρόξενο Χέι και την οικογένεια του. Ο πασάς εκείνη την εποχή ήταν ο Ισμαήλ πασάς, τον οποίο ο Έντουαρντ Ληρ επισκέφτηκε στο σεράι (ανάκτορο).

Είναι πιθανό, το 1869 ο Τζέιμς Λίντζι να είχε την ίδια

ταξιδιωτική εμπειρία με τον πασά. Διάβασα ότι από το 1868-77 ο Ραούφ πασάς ταξίδεψε από την Κωνσταντινούπολη στα Χανιά τρεις φορές. Πολλές φορές οι πασάδες ανακαλούνταν στην Κωνσταντινούπολη, όταν υπήρχαν ταραχές στην Κρήτη και επέστρεφαν αργότερα. Ο Ραούφ Πασάς ήταν δημοφιλής και στενός φίλος τόσο των Βρετανών όσο και των Γάλλων προξένων. Γιατί όχι και του Τζέιμς Λίντζι; Μου αρέσει να τους σκέφτομαι να ταξιδεύουν από την Κωνσταντινούπολη μαζί στο Λόυντ. Το 1852 ο Βελή πασάς έχτισε μια έπαυλη στη Χαλέπα, που αργότερα έγινε η πρώτη κατοικία των Λίντζι στην Κρήτη και σημαντικό σημείο αναφοράς για την οικογένεια μου.

Έτσι, αν όλα συνέβησαν όπως τα φαντάζομαι, ο Ραούφ Πασάς βρέθηκε σε μια άμαξα μαζί με τον Τζέιμς και την Μπέτσυ Λίντζι, ενώ ακολουθούσε ένα κάρο με τα υπάρχοντα τους: το ξύλινο μπαούλο, οι καπελιέρες, και πολλά από τα οικιακά τους σκεύη, η σουπιέρα και η γυάλινη λάμπα από οπαλίνα, την οποία βλέπω τώρα μπροστά μου καθώς γράφω (πάντα μου έλεγαν ότι την είχαν φέρει από την Κωνσταντινούπολη). Πέρασαν την πύλη της πόλης των Χανίων και βρέθηκαν στην εξοχή, όπου είχαν χτιστεί οι καινούριες επαύλεις που στέγαζαν τα προξενεία, πήραν την παραλιακή οδό που οδηγούσε ανατολικά. Με τα Λευκά Όρη να υψώνονται επιβλητικά στο νότο, προχώρησαν ένα χιλιόμετρο μέχρι την Χαλέπα και ανέβηκαν μια μικρή ανηφόρα ώσπου έφτασαν σε μια μεγάλη έπαυλη με εντυπωσιακή είσοδο και αυλή με βότσαλο (που διατηρείται ακόμα σήμερα), βοηθητικά χτίσματα, που χρησιμοποιούνταν ως στάβλοι, πλυσταριό, αμαξοστάσιο και μια μεγαλοπρεπή διπλή σκάλα από σφυρήλατο σίδερο που οδηγούσε στον χώρο υποδοχής της έπαυλης. Στα γράμματα της γιαγιάς μου στην Εύα, πολλά χρόνια αργότερα, περιγράφεται ως «το σπίτι της γέφυρας.» (Μπριτζ Χάους), Η ονομασία οφείλεται στο γεγονός ότι υπαρχει μια σκοτεινή σκεπαστή καμάρα που οδηγει από τον ένα δρόμο στον άλλο. Ο Ραούφ Πασάς τους βοήθησε να εγκατασταθούν με τους υπηρέτες και ό, τι άλλο χρειαζόταν. Την επόμενη μέρα, ο Τζέιμς Λίντζι θα ξεκίνησε με την άμαξα προς την πόλη και μετά θα έστριψε ανατολικά προς τη Σούδα ή όπως κάναμε τόσο συχνά όταν είμαστε παιδιά, πέρασε το διάσελο της Σούδας με τα πόδια, αν και το πιθανότερο είναι να έκανε τις μετακινήσεις του με άλογο. Όταν βρέθηκε στη Σούδα, θα επιθεώρησε τα έργα στο Ναύσταθμο και θα αποφάζισσε τι έπρεπε ακόμα να γίνει.

Μου αρέσει να διανθίζω την αφήγηση μου με ιστορίες της σημερινής εποχής. Πριν από μερικά χρόνια βρισκόμουν σε ένα κατάστημα στα Χανιά, όπου για νιοστή φορά με ρώτησαν από πού είμαι. Είπα ότι ήμουν Κρητικιά αλλά ως συνήθως μου ζήτησαν περισσότερες λεπτομέρειες, καθώς μοιάζω λίγο για ξένη. Είπα ότι είχα σκωτσέζα γιαγιά, αλλά ούτε αυτό δεν ήταν αρκετό, έπρεπε να πω κι άλλα. «Πώς κι έτσι;» (οι Κρητικοί είναι περίεργοι άνθρωποι). Συνέχισα, αναφέροντας τον θείο της γιαγιάς μου, τον Τζέιμς Λίντζι, και το ναύσταθμο της Σούδας.«Α!» είπε ο καταστηματάρχης «ο παππούς μου δούλευε ως κτίστης με τον Άγγλο τσελεμπί» (αφεντικό στα τουρκικά). Πόσο ζωντανά βλέπω την εικόνα: ο κρητικός εργάτης να σπρώχνει το κάρο με τις πέτρες, ο θείος Λίντζι ένας Σκωτσέζος, όχι Άγγλος, να δίνει εντολές με αποφασιστικότητα αλλά και καλοσύνη: και ο καταστηματάρχης να θυμάται.

Ο κ. Χέι, ο Βρετανός πρόξενος έφυγε το 1865. Ο Βρετανός πρόξενος το 1869 ήταν ο κ. Ντίξον, τον οποίο διαδέχτηκε ο Τόμας Σάντουιθ, ο οποίος έγινε επιστήθιος φίλος του Τζέιμς Λίντζι για πολλά χρόνια.

Εδώ θα χρειαστεί να κάνω άλλη μια παρένθεση. Αν και δεν γράφω ένα ιστορικό σύγγραμμα, αλλά απλώς ένα οικογενειακό χρονικό, πρέπει να αναφέρω συνοπτικά την πολιτική κατάσταση εκείνης της εποχής.

Η Ελλάδα βρισκόταν κάτω από τον Τουρκικό ζυγό για 400 χρόνια. Το 1821 έγινε η μεγάλη εξέγερση στην κυρίως Ελλάδα με τους Έλληνες να πολεμούν για την ελευθερία και την ανεξαρτησία τους: «Ελευθερία ή θάνατος» ήταν η φράση που χαρακτήριζε τον απελευθερωτικό αγώνα. Εκείνη την εποχή, ένας άλλος Σκωτσέζος ενδιαφέρθηκε και αγάπησε την Ελλάδα: ο Λόρδος Βύρων. Μου φαίνεται σα να ακούω τη γιαγιά μου να λέει ότι όταν ήταν δεκαοκτώ χρονών, η γνώση και ο σεβασμός που έτρεφε για τον Λόρδο Βύρωνα είχαν επηρεάσει την απόφαση της να ταξιδέψει στην Κρήτη και να ζήσει με τους θείους της. Αφού ελευθερώθηκε η κυρίως Ελλάδα, τα νησιά εξεγέρθηκαν με τη σειρά τους για να αποτινάξουν τον τουρκικό ζυγό. Αυτό έδωσε και στην Κρήτη το κίνητρο για να ενωθεί με την υπόλοιπη Ελλάδα. Ωστόσο, οι Μεγάλες Δυνάμεις εμπλέκονταν στην πολιτική κατάσταση της Ελλάδας, η καθεμία ακολουθώντας περισσότερο τα δικά της συμφέροντα παρά την ευημερία του νησιού. Από τις ξένες Δυνάμεις, η Βρετανία ήταν η πιο δημοφιλής στην Κρήτη.

Εκείνο τον καιρό, οι ξένες Δυνάμεις πίεζαν την Κωνσταντινούπολη να δώσει περισσότερες ελευθερίες στους κατοίκους της Κρήτης. Τελικά υπεγράφηκε ο Οργανικός Νόμος το 1867, ο οποίος θέσπιζε ίσα δικαιώματα τόσο για τους Χριστιανούς όσο και τους Τούρκους μουσουλμάνους, με ίση εκπροσώπηση στη διοικητική ιεραρχία. Αν και υπεγράφηκε από τις δυο πλευρές κάτω από πίεση, στην πραγματικότητα οι όροι της διακήρυξης δεν ήταν ικανοποιητικοί, πρώτον επειδή οι όροι υπογράφησαν κάτω από πίεση και δεύτερον επειδή η πλειοψηφία των Κρητικών ήταν υπέρ της ένωσης με το ελληνικό έθνος.

Ένα μέρος των εξεγέρσεων μετά από το 1821 έγιναν από το 1841 ως το 1868 για τον Οργανικό Νόμο, από το 1878 και ως το 1897 που ήταν και το τελευταίο πολιτικό επεισόδιο στη ζωή του Τζέιμς Λίντζι. Οι ένοπλες εξεγέρσεις είχαν ως επίκεντρο τα ορεινά οχυρά και ακόμα και οι γυναίκες συμμετείχαν, όπως μπορούσαν. Οι καλλιέργειες παραμελήθηκαν, η γεωργία και η κτηνοτροφία καταστράφηκαν. Μετά από κάθε αποτυχημένη εξέγερση, οι Τούρκοι επέβαλλαν αντίποινα, με αποτέλεσμα πολλοί πολιτικοί πρόσφυγες να καταφύγουν στην ελεύθερη Ελλάδα.

Πέρασαν πολλά χρόνια και μόνο το 1913, η Κρήτη ενώθηκε με την Ελλάδα υπό την διακυβέρνηση του Ελευθέριου Βενιζέλου. Μερικές φορές θαυμάζω το γεγονός ότι οι Κρητικοί κατάφεραν να επιβιώσουν και να διατηρήσουν την ιδιαίτερη ταυτότητα τους, τον πολιτισμό, τη θρησκεία και πάνω από όλα τη χαρά της ζωής και της ελευθερίας, μετά από τόσους αιώνες ταραγμένης Ιστορίας.

Το χαρακτηριστικό αυτό των Κρητικών εμφανίζεται ξανά σε πιο πρόσφατες εποχές και ειδικά στην διάρκεια του Β' Παγκοσμίου Πολέμου. Η «εξέγερση» στην Κρήτη έγινε ένα τοπικό χαρακτηριστικό (όπως και στη Σκωτία) Με ανεπαρκή οπλισμό πολέμησαν γενναία τους Γερμανούς το 1941, και εκ των υστέρων βοήθησαν τους συμμάχους αλλά υπέστησαν βαριά αντίποινα από τους Γερμανούς.

Ο Τζέιμς Λίντζι έζησε τις εξεγέρσεις του 1866, τού 1878, του 1889 και του 1895 - 1897. Θυμάμαι τη γιαγιά μου να λέει ότι τον πρώτο καιρό που ήρθε στην Κρήτη ο θείος Λίντζι είχε φιλοτουρκικά αισθήματα. Μετά από χρόνια όμως, όταν διαπίστωσε τις βαρβαρότητες και τις αδικίες που υπέφεραν οι Κρητικοί, τάχθηκε με το μέρος του τόπου που είχε υιοθετήσει σαν πατρίδα του.

Κεφάλαιο 4

Το σπίτι της γέφυρας (Μπριτζ Χάους) και η οικία Λίντζι

Ο Τζέιμς Λίντζι δεν ήταν ο πρώτος της οικογένειας που πάτησε στο νησί της Κρήτης. Το 1356, την εποχή των Σταυροφοριών, ο υποκόμης του Μαρτς, Τζορτζ Ντάνμπαρ, πέθανε στην Κρήτη: «*Η Σκωτία και οι σταυροφόροι 1095-1560*» σελ. 88. Αυτό που φαίνεται πιο σημαντικό όμως είναι η πληροφορία στο βιβλίο: «*Βίοι των Λίντζι*» τόμος Α, σελ. 73: «*Το 1382 ο Σερ Αλεξάντερ Λίντζι από το Γκλένεσκ πέθανε στο νησί της Κάντια (η παλιά ονομασία της Κρήτης) καθ΄ οδόν για την Ιερουσαλήμ*». Πώς πέθανε; Τραυματισμένος σε κάποιους αγώνες ιπποτών; Από ατύχημα; Από ελονοσία; Οι πληροφορίες έχουν χαθεί στα άδυτα του παρελθόντος. Το 1869 ένας άλλος Λίντζι έμελε να έρθει στην Κρήτη, όπου θα εργαζόταν, θα ζούσε και θα άφηνε την τελευταία του πνοή, ο Τζέιμς Λίντζι.

Το Μπριτζ Χάους ήταν μια ευρύχωρη έπαυλη στηνΧαλέπα, ένα πολυτελές προάστιο λίγο έξω από τα Χανιά. Μεγάλα σπίτια ήταν χτισμένα στην εξοχή και στους χαμηλούς λόφους, με τη θάλασσα στα βόρεια και τα Λευκά Όρη στο νότο. Ακόμα και μετά από 150 χρόνια έχει διατηρήσει ορισμένα από τα χαρακτηριστικά της παλιάς του δόξας: το φύλλο χρυσού στις μαρκίζες και στο κεντρικό ταβάνι έχει μείνει ανέπαφο. Στάθηκα απέξω με την ξαδέρφη μου την Τρίσια και κοιτάξαμε τη στρωμένη με βότσαλα αυλή και σκεφτήκαμε τη μητέρα μου και τον πατέρα της Τρίσια να παίζουν εκεί, όταν ήταν παιδιά. Είναι παράξενο ότι εκείνη την περίοδο, όταν ερευνούσα την ιστορία του σπιτιού, πάλι γινόντουσαν αλλαγές. Νέοι ιδιοκτήτες το αγόρασαν και σχεδίασαν μια πλήρη ανακαίνιση.

Ξέρουμε με βεβαιότητα ότι οι Λίντζι εγκαταστάθηκαν στο Μπριτζ Χάους. Ξέρουμε επίσης ότι χτίστηκε από το Βελή Πασά το 1852 πάνω στα ερείπια ενός παλιού ενετικού χτίσματος. Ο Τζέιμς Λίντζι θα πήγαινε με την άμαξα ή με το άλογο στη Σούδα καθημερινά, ενώ η Μπέτσυ θα έμενε στο σπίτι, επιβλέποντας το υπηρετικό προσωπικό και ράβοντας ή κεντώντας. Θυμάμαι ένα οκτάγωνο τραπεζάκι με τέσσερα μικρά συρτάρια, όπου φύλαγε τα σύνεργα του εργόχειρου.

Ωστόσο θα είχαν κάποια δυσκολία με την άγνωστη γλώσσα στο νέο περιβάλλον. Ο Τζέιμς ίσως να είχε μάθει λίγα ελληνικά στην Κωνσταντινούπολη, αλλά θα μιλούσε τούρκικα. Όσο για την Μπέτσυ, τι ήξερε για την κρητική γλώσσα και διάλεκτο;

Δεν πρέπει να σκεφτόμαστε ότι τα Χανιά ήταν το τελευταίο από τα «άγρια μέρη». Εκτός από την φυσική ομορφιά του νησιού και το εκπληκτικό κλίμα, υπήρχαν πολλοί ξένοι που ζούσαν στην πόλη και στα προάστια. Οι Μεγάλες Δυνάμεις, Βρετανία, Γαλλία, Αυστρία, Ιταλία και Ρωσία είχαν τα προξενεία τους στη Χαλέπα, όπου ζούσαν με τις οικογένειες τους και είχαν μια έντονη κοινωνική ζωή. Ο Έντουαρντ Ληρ γράφει για τις ευχάριστες μουσικές βραδιές που πέρασε με τον βρετανό πρόξενο κ. Χέι, τη σύζυγο του και την μικρή τους κόρη.

Η Μπέτσυ Λίντζι (πόσο λίγο την ξέρω) ελπίζω ότι έβλεπε

με ευχαρίστηση τις νέες συνθήκες της ζωής της, το νησί και τους ανθρώπους. Οι υπηρέτες θα ήταν πρόθυμοι να την ικανοποιήσουν, καθώς οι κρητικές γυναίκες ήταν και παραμένουν καλοσυνάτες, γενναιόδωρες, με δεξιοτεχνία και ικανότητες στο νοικοκυριό, στην υφαντική, το βελονάκι και το κέντημα. Της έμαθαν να υφαίνει; Την ενδιέφερε;

Το 1872 όταν ο Ναύσταθμος είχε σχεδόν ολοκληρωθεί, έγιναν τα «επίσημα εγκαίνια» με την παρουσία πολλών αξιωματούχων, μεταξύ των οποίων του Σουλτάνο Αμντούλ Ασίζ, ο οποίος ταξίδεψε από την Κωνσταντινούπολη για να παραστεί. Ένα παλιό χειρόγραφο αναφέρει ότι ο δρόμος από τα Χανιά ως τη Σούδα (μια απόσταση 5.5 χλμ.) στρώθηκε με χαλιά προς τιμή του. Στο κέντρο της προσοχής βρέθηκαν εκείνη την ημέρα ο Τζέιμς και η Μπέτσυ Λίντζι, που κάθισαν στο τραπέζι του Σουλτάνου. Εκεί ένιωσαν οι Λίντζι να τους ελκύει η γαλήνη και η ομορφιά της Σούδας και αποφάσισαν να περάσουν εκεί την υπόλοιπη ζωή τους;

Αγόρασαν ένα οικόπεδο στο μέρος αυτό ακριβώς απέναντι από το Ναύσταθμο, σε ελαφρώς επικλινές έδαφος, με το λιμάνι της Σούδας μπροστά, ενώ πίσω από το σπίτι υψωνόταν ο βράχος της Μαλάξας και στο βάθος τα επιβλητικά Λευκά Όρη. Μέχρι τον Β' Παγκόσμιο Πόλεμο η Σούδα ήταν αραιοκατοικημένη. Ακόμα και ως παιδί, πενήντα χρόνια αφότου χτίστηκε η οικία Λίντζι, θυμάμαι τη γαλήνη και την ησυχία της περιοχής. Πηγαίναμε βόλτα το βραδάκι προς το βρετανικό νεκροταφείο με τον ήλιο να δύει πίσω από την πόλη των Χανίων. Αν ήταν αγκυροβολημένος ο βρετανικός στόλος στο λιμάνι, παρακολουθούσαμε την υποστολή της σημαίας και ακούγαμε τον ήχο του εμβατηρίου, που ακόμα μου έρχεται στο νου όταν ακούω τη «Λεωνόρα» του Μπετόβεν. Σήμερα έχουν μείνει ελάχιστα ίχνη της παλιάς Σούδας. Είναι το εμπορικό λιμάνι των Χανίων με άσχημα κτίρια, τσιμέντο, κίνηση και θόρυβο. Ωστόσο, στο δρόμο της

Σούδας υπάρχουν ακόμα μερικοί ευκάλυπτοι, τους οποίους φύτεψε πριν από πολλά χρόνια ο παππούς μου, ο Γιώργος Κουργιεράκης.

Αν και τα επίσημα εγκαίνια του Ναυστάθμου έγιναν το 1872, ο Λίντζι συνέχισε τη συνεργασία του με την τούρκικη κυβέρνηση μέχρι το 1879 όταν πήρε σύνταξη. Ο βρετανός πρόξενος Ντίκσον αναφέρει ότι ο Λίντζι επισκεύαζε επίσης μηχανές πλοίων και μίλησε με τα καλύτερα λόγια για αυτόν. Νομίζω ότι ο Ντίκσον αντικατέστησε τον Σάντουιθ για ένα μικρό διάστημα, καθώς ο Σάντγουιθ ήταν Βρετανός πρόξενος από το 1869-1881 και πολύ φίλος του Λίντζι. Έτσι ο Τζέιμς και η Μπέτσυ πρέπει να αποφάσισαν να μείνουν στη Σούδα γύρω στο 1874. Όταν ήρθε στην Κρήτη ήταν περίπου σαράντα πέντε ετών. Ο μισθός του και αργότερα η σύνταξη του πρέπει να του εξασφάλιζαν μια άνετη ζωή.

Η γιαγιά μου περιέγραφε συχνά την κατασκευή της οικίας Λίντζι. Όταν τοποθετήθηκε ο θεμέλιος λίθος έριξαν μερικές χρυσές λίρες όπως ήταν το έθιμο. Όταν σηκώθηκαν οι τοίχοι και οι εργάτες ετοιμάζονταν να ξεκινήσουν την σκεπή, έβρασαν έναν κόκορα και ήπιαν το ζωμό για να γιορτάσουν το γεγονός.

Στο ισόγειο υπήρχαν τρία δωμάτια και μια μεγάλη κουζίνα με δυο μακρόστενα δωμάτια: το ένα χρησίμευε ως μπάνιο και το άλλο ως αποθήκη για τρόφιμα. Θυμάμαι καλά την αποθήκη. Στον ένα τοίχο υπήρχε ένα ντουλάπι με λεπτή σίτα στις πόρτες και ράφια για τα τρόφιμα που έπρεπε να αερίζονται. Μερικά σκαλιά οδηγούσαν στο κελάρι, όπου υποθέτω φύλαγαν τις νταμιτζάνες με το λάδι και το κρασί. Όταν το θυμάμαι εγώ, χρησίμευε λιγότερο ως κελάρι, ήταν στοιβαγμένα εκεί πολλά περιοδικά, βιβλία και εφημερίδες, που ανέδιναν μια μυρωδιά μούχλας. Μαζί με την αδερφή μου, την Κρυστάλη, περνούσαμε ώρες ψαχουλεύοντας εκεί μέσα, όταν επισκεπτόμαστε τη γιαγιά μας τις Κυριακές, από το 1925 ως το 1933.

Τις Κυριακές ξεκινούσαμε από την Μπέλα Βίστα, με άμαξα ή με αυτοκίνητο, και πηγαίναμε στη Σούδα. Αφού χαιρετούσαμε τη γιαγιά και αφήναμε τη μητέρα μας να βοηθήσει στην ετοιμασία του γεύματος, ο πατέρας μάς πήγαινε μέχρι το λιμάνι, όπου μας περίμενε ένας ψαράς με την δική μας βάρκα, η οποία ονομαζόταν «Ιολάνθη». Μας άρεσε πολύ να τραβάμε κουπί και είχαμε μάθει πώς να κρατάμε σταθερή τη βάρκα, πριν ρίξουμε την πετονιά στη θάλασσα. Είχαμε τα δικά μας σύνεργα ψαρικής, με σπάγκο και όχι νάιλον, τυλιγμένο γύρω από έναν τετράγωνο φελλό πάνω στον οποίο στερεώνονταν τα αγκίστρια, όταν δεν τα χρησιμοποιούσαμε. Πόσο καλά θυμάμαι το τράβηγμα του ψαριού στο δόλωμα. Ο βαρκάρης μας, που πιθανώς χρησιμοποιούσε τη βάρκα τις καθημερινές, ήταν ντόπιος, μισός Κρητικός, μισός Τούρκος, και νομίζω ότι δεν ήταν ιδιαίτερα ενθουσιασμένος να ανακατεύονται στα πόδια του μικρά κορίτσια. Ο πατέρας μας όμως, που ίσως να ήθελε ένα γιο, πάντα μας φερόταν με πολύ αγάπη και καλοσύνη. Δεν θεωρούσε κατώτερη τη γυναίκα του και τις τρεις του κόρες, γεγονός που αποτελούσε εξαίρεση εκείνη την εποχή στην Κρήτη.

Το μεσημέρι επιστρέφαμε στην οικία Λίντζι όπου η γιαγιά και η μητέρα μας θαύμαζαν την ψαριά και καθόμαστε να φάμε το κυριακάτικο γεύμα συζητώντας ακατάπαυστα για την εμπειρία μας. Μετά το φαγητό οι μεγάλοι πήγαιναν να ξαπλώσουν, αλλά εγώ μαζί με την αδερφή μου, την Κρυστάλη, ψάχναμε στο κελάρι κάτω από την αποθήκη για να βρούμε κάτι να διαβάσουμε. Η Κρυστάλη διάβαζε μανιωδώς, εγώ λιγότερο. Θυμάμαι όμως ένα φυλλάδιο για τους θρησκευτικούς επαναστάτες στη Σκωτία. Το εξώφυλλο απεικόνιζε ένα μικρό αγόρι, που κάποιος κρατούσε από το λαιμό πάνω από ένα γκρεμό. Κουβαλούσε ένα καλάθι με προμήθειες για τους επαναστάτες. Εκείνοι που τον είχαν πιάσει ήθελαν να μάθουν που κρύβονταν οι επαναστάτες, αλλά εκείνος ήταν ένα γενναίο παιδί και προτιμούσε να πεθάνει παρά να γίνει προδότης! Άλλες φορές καθόμουν και ονειροπολούσα σε μια σκιερή γωνιά στο χωράφι που βρισκόταν εκεί κοντά, μέσα στα αγριόχορτα, βλέποντας τις μέλισσες, τα έντομα, τις πεταλούδες.

Οι μέρες ήταν μεγάλες. Είχαμε άπλετο χρόνο στη διάθεση μας, καθώς μάκραιναν οι σκιές του καλοκαιριού, για να κάτσουμε έξω από τη μεγάλη ξύλινη είσοδο, που έτριζε, ακούγοντας τον αέρα μέσα στα φύλλα των ευκάλυπτων που σκίαζαν τους δυο πέτρινους πάγκους μπροστά στην είσοδο. Το τέλος μιας τέλειας μέρας!

Αλλά ας επανέλθουμε στο σπίτι. Στο πίσω μέρος του χολ, δίπλα στην κουζίνα, βρισκόταν μια πόρτα που οδηγούσε στη στρωμένη με βότσαλα αυλή. Στη μια πλευρά του σπιτιού υπήρχε ο χώρος για την άμαξα, το πλυσταριό και ένα γωνιακό παράσπιτο με δυο δωμάτια για το υπηρετικό προσωπικό, όπου εκείνον τον καιρό, θυμάμαι, συνηθίζαμε να παίζουμε. Μέσα στο σπίτι, ακριβώς απέναντι από την κουζίνα, υπήρχε μια σκάλα που οδηγούσε στον επάνω όροφο. Στην πρώτη στροφή της σκάλας υπήρχε ένα ψηλό παράθυρο, που έβλεπε στο νότο, με ένα φαρδύ πεζούλι, όπου υπήρχε μια γυάλινη προθήκη. Λέγεται ότι ένας εντυπωσιακός κόκορας στο κοτέτσι ήταν τόσο άγριος ώστε μόνο ο Τζέιμς Λίντζι μπορούσε να τον πλησιάσει. Ο κόκορας χρειάστηκε να θανατωθεί, αλλά αφού ταριχεύτηκε, τοποθετήθηκε μέσα στη γυάλινη προθήκη, όπου έμεινε για πολλά χρόνια ώσπου βομβαρδίστηκε το σπίτι από τους Γερμανούς το 1942.

Όταν έμενα στην οικία Λίντζι με τη γιαγιά μου, το σπίτι ήταν πολύ διαφορετικό από ότι όταν πρωτοχτίστηκε, αλλά και οι συνθήκες ζωής είχαν αλλάξει. Το θυμάμαι άδειο, με ξύλινα πατώματα που έτριζαν. Στον επάνω όροφο υπήρχαν τέσσερα μεγάλα δωμάτια και ένα μπαλκόνι με θέα στο λιμάνι.

Τώρα που βρίσκομαι ξανά στην Κρήτη, τα νήματα στο υφάδι του αργαλειού στο μεγάλο ξύλινο κύλινδρο της ζωής μου φτάνουν στο τέλος τους και καθώς γυρνάει αργά ελευθερώνοντας ολοένα περισσότερα νήματα, υφαίνω την ιστορία μου με τόσα χρώματα και η σαΐτα πηγαινοέρχονται. Η ιστορία του Τζέιμς Λίντζι θα μπορούσε να είχε γραφτεί σε μια σελίδα, αλλά η μεγάλη ιστορία όλων μας, που συνδεόμαστε με την οικία Λίντζι και τη Σούδα, νομίζω ότι αξίζει να υφανθεί. Αντί να γράψω ένα μακροσκελές χρονικό με ημερομηνίες, θα συνεχίσω να περιπλανιέμαι στις αναμνήσεις μου, καθώς θυμάμαι τις δικές μου εμπειρίες και των άλλων. Υπάρχουν ακόμα πολλά να διηγηθώ, για τον πόνο και τη χαρά, τη λιακάδα και τη συννεφιά. Τώρα που επικοινώνησα με τόσους συγγενείς που συνδέονται με αυτήν την ιστορία, νοιώθω ότι τους οφείλω να γράψω για το παρελθόν και το παρόν.

Κεφάλαιο 5

Δυο ανιψιές έρχονται στην Κρήτη – συνάντηση με ένα νέο μέλος της οικογένειας.

Θέλω να αναφερθώ ξανά στην τοπική Ιστορία στα χρόνια 1874 και 1875. Ο Οργανικός Νόμος του 1867 βρισκόταν σε ισχύ, αλλά συχνά παραβιαζόταν από τους Τούρκους. Γινόντουσαν τακτικά εθνοσυνελεύσεις αλλά οι Κρητικοί των Χανίων δεν επιτρεπόταν να στείλουν τους δικούς τους εκπροσώπους και όσοι είχαν εκλεγεί ήταν από τους Κρητικούς που υποστήριζαν τους Τούρκους.

Οι ντόπιοι χωρίζονταν σε τρεις κατηγορίες: τους Κρητικούς, που μάχονταν για την ελευθερία και την Ορθοδοξία, τους Τούρκους που ήταν λιγότεροι σε αριθμό και κυρίως στρατιωτικοί και τους Τουρκοκρητικούς, οι οποίοι ήταν Κρητικοί που έγιναν μουσουλμάνοι, σε πολλές περιπτώσεις για να γλιτώσουν τις περιουσίες τους και να αποφύγουν τη φορολογία. Αυτοί οι Κρητικοί συνήθως περιφρονούνταν από την πλειοψηφία και συχνά ήταν φανατικοί.

Θυμάμαι ως παιδί την κρητικιά γιαγιά μου να λέει ότι πολλοί Τούρκοι ήταν έντιμοι άνθρωποι και καλοί γείτονες. Στην διάρκεια των 400 ετών ή 270 στην Κρήτη, σίγουρα

36

υπήρχε επαφή ανάμεσα στους δυο πολιτισμούς. Ωστόσο, στην πραγματικότητα, εκείνο που τους χώριζε ήταν η θρησκεία. Το βασικό ζήτημα ήταν ότι οι Τούρκοι ήταν οι εισβολείς και οι Κρητικοί ήθελαν πίσω τη χώρα τους. Μετά από το 1821 η κυρίως Ελλάδα ήταν ελεύθερη. Ξέρουμε ότι ο Βελή πασάς, που έχτισε το Μπριτζ Χάους το 1852, ήταν παντρεμένος με μια χριστιανή κρητικιά και όταν επέστρεψαν στην Κωνσταντινούπολη, της έχτισε ένα μικρό παρεκκλήσι στο Σεράι.

Οι χειμώνες γύρω στο 1874 ήταν πολύ σκληροί στην Κρήτη. Καταστράφηκαν γέφυρες, που οδηγούσαν στα απομακρυσμένα χωριά και το χιόνι διέκοψε όλες τις επικοινωνίες. Πολλά παιδιά πέθαναν, οι καλλιέργειες καταστράφηκαν και μερικοί εγκατέλειψαν το νησί για να βρουν εργασία στην ελεύθερη Ελλάδα, όπου είχαν αρχίσει να κατασκευάζονται οι πρώτοι σιδηρόδρομοι. Πούλησαν τα χωράφια τους και έφυγαν. Θυμάμαι ότι είδα μια στοίβα από παλιά συμβόλαια, μερικά στα τούρκικα και άλλα στα ελληνικά, για εκτάσεις γύρω από τη Σούδα και τα Τσικαλαριά που ανήκαν στον Τζέιμς Λίντζι.

Ο Τζέιμς είχε ήδη εγκατασταθεί στην οικία Λίντζι και είχε γίνει γαιοκτήμονας. Όπως είπα και προηγουμένως, ο Τζέιμς και η Μπέτσυ είχαν εγκατασταθεί στο νέο ευρύχωρο σπίτι τους, που διέθετε όλες τις ανέσεις της εποχής, αλλά ένιωθαν μοναξιά. Έτσι αποφάσισαν ο καθένας τους να καλέσει μια ανύπαντρη ανιψιά από τη Σκωτία για να ζήσει μαζί τους και να τους φροντίσει όταν θα γερνούσαν. Οι δυο κοπέλες θα έκαναν συντροφιά η μια στην άλλη. Η Μπέτσυ έγραψε στην ανιψιά της Μάγκυ Μοντγκόμερυ, η οποία, όπως βλέπω σε μια φωτογραφία της, είναι μια κομψή νεαρή κοπέλα, που φοράει μια μεγάλη καρφίτσα στο μπούστο του φορέματός της. Δεν ξέρω σχεδόν τίποτα για τη ζωή της, πριν έρθει στην Κρήτη. Η καρφίτσα αποτελείται από δυο κεφαλαία Μ, το ένα γοτθικό,

37

το άλλο αγγλικό, και βρίσκεται στα χέρια μου από τότε που ήμουν παιδί, όταν μου την έδωσε η γιαγιά μου. Πάντα ένιωθα ότι ήταν ένα μέσο επικοινωνίας με την Μάγκυ. Ήλπιζα ότι θα παντρευόμουν κάποιον, του οποίου το επίθετο θα άρχιζε με Μ, αλλά δεν το κατάφερα. Πρόσφατα χάρισα την καρφίτσα στην εγγονή της Τρίσια, τη Μάγκυ. Ίσως εκείνη παντρευτεί κάποιον του οποίου το επίθετο θα αρχίζει με Μ.

Τι σημαίνουν για μας τα ενθύμια; Για μένα είναι ένα «νήμα από μαργαριτάρια» το οποίο με συνδέει με τον άνθρωπο που το κατείχε. Συχνά είναι ο μόνος συνδετικός κρίκος. Τι άλλο ξέρω για την Μάγκυ Μοντγκόμερυ; Η γιαγιά μου έλεγε ότι είχε ένα τραύμα στο πόδι της που δεν επουλωνόταν. Δεν ξέρουμε γιατί αποφάσισε να έρθει στην Κρήτη και να περάσει τη ζωή της με την θεία της, την Μπέτσυ. Παίζει ομως σημαντικό ρόλο στη ζωή των Λίντζι στη Σούδα, και παρακάτω παραθέτω την αφήγηση της με τίτλο «Η εμπειρία μιας σκωτσέζας στην Κρήτη».

Γνωρίζω πολύ καλά την ανιψιά του Τζέιμς Λίντζι, την Τζέσυ, η οποία ήταν η γιαγιά μου. Ο αδερφός του Τζέιμς, ο Ουίλιαμ και η γυναίκα του η Τζέιν Χορν είχαν έξι παιδιά. Ο Ουίλιαμ ξεκίνησε ως ελαιοχρωματιστής και αργότερα ασχολήθηκε με το εμπόριο πατάτας. Η γυναίκα του ήταν μια ελκυστική κοπέλα. Απέκτησαν τρεις γιους- τον Γουίλυ, τον Τζορτζ και τον Ρόμπερτ και τρεις κόρες, τη Τζέσυ, τη Νέλλη και τη Τζέιν. Ο Γουίλυ σκοτώθηκε στον Πρώτο Παγκόσμιο Πόλεμο και το όνομά του περιλαμβάνεται στον κατάλογο των πεσόντων στο κάστρο του Εδιμβούργου. Κρατήσαμε επαφή με την εγγονή του, την Ιζομπέλ Μέι. Ο Ρόμπερτ ήταν υπνοβάτης και όταν ήταν μικρός, πάτησε ένα πήλινο δοχείο νυκτός, το οποίο έσπασε και του πλήγωσε το πόδι. Λίγο αργότερα πέθανε από γάγγραινα. Ενώ γράφω αυτά τα λόγια, ακούω τη φωνή της γιαγιάς μου να αφηγείται την ιστορία, η οποία σημαίνει τόσα πολλά για μένα, αγαπητέ αναγνώστη, που διαβάζεις μόνο τα γεγονότα. Φωτογραφίες, που κοιτάζω από τότε που ήμουν παιδί, γράμματα πολλά από τα οποία ήρθαν πρόσφατα από την «Σούδα» στο Γουόρμιτ, κοντά στο Νταντί και ο μελωδικός ήχος της φωνής της γιαγιάς μου... Έχω ακόμα το δίπλωμα οδικής της ως κοντράλτο και θυμάμαι την σκωτσέζικη προφορά της, που δεν χάθηκε ποτέ, ακόμα και μετά από 55 χρόνια που έζησε στην Κρήτη.

Η γιαγιά μου, η Τζέσυ, ήταν η μεγαλύτερη κόρη. Η Νέλλη παντρεύτηκε κάποιον Μπλέιν και πήγε στον Καναδά. Θυμάμαι μια φωτογραφία της έξω από το ξύλινο σπίτι τους, τυλιγμένη σε γούνες, με ένα χιονισμένο τοπίο ολόγυρα. Αλληλογραφούσαν με τη γιαγιά μου μέχρι το θάνατο της. Ο γιος της, ο Μπιλ, ίσως να σκοτώθηκε στον πόλεμο. Η τρίτη κόρη, η Τζέιν Νίκολ, παντρεύτηκε και απέκτησε οικογένεια στο Νταντί και αργότερα, όταν αρρώστησε απο φυματίωση, ήρθε στην Κρήτη, όπου το ήπιο κλίμα θα ωφελούσε την υγεία της, για να αναρρώσει κοντά στην αδερφή της, την Τζέσυ. Δυστυχώς πέθανε στο Μπριτζ Χάους. Αργότερα ο άντρας της έστειλε μια ταφόπετρα και ένα σταυρό από γρανίτη, που βρίσκονται στον τάφο της στο νεκροταφείο Χανίων.

Όταν πέθανε η γυναίκα του η Τζέιν, ο Ουίλιαμ παντρεύτηκε μια άλλη γυναίκα, για να φροντίσει την οικογένεια του. Η Τζέσυ, που ήταν μόνο οκτώ χρόνια νεότερη από την μητριά της, ένιωθε δυστυχισμένη στο σπίτι. Εγκατέλειψε το πατρικό της και άνοιξε ένα κατάστημα πηλοποιίας στο Καρμούστι. Όταν ο θείος της την κάλεσε να έρθει στην Κρήτη, η ιδέα της άρεσε. Θυμάμαι ότι έλεγε πως η αιτία και η έμπνευση που την οδήγησαν να έρθει ήταν ο λόρδος Βύρωνας. Ασφαλώς θα είχε διαβάσει το Childe Harold και ήταν έτοιμη να ζήσει μια περιπέτεια.

Προσπαθώ να θυμηθώ όσα διηγιόταν η γιαγιά μου για το μακρινό αυτό παρελθόν. Διέσχισε τη γέφυρα του Τέι λίγο πριν από την καταστροφή του 1879. Μετά συνταξίδεψαν με τη Μάγκυ; Με τρένο ή με πλοίο; Ασφαλώς ήταν και οι δυο εξαντλημένες, όταν έφτασαν στο λιμάνι των Χανίων, όπου τις περίμενε ο θείος Τζέιμς για να τις συνοδέψει στην οικία Λίντζι. Το σπίτι όμως ήταν ευρύχωρο και ήσυχο και νομίζω ότι ξεκίνησε ευχάριστα η νέα τους ζωή σε έναν ηλιόλουστο τόπο με γαλανό ουρανό.

Πόσο παράξενα θα τους φάνηκαν όλα στην αρχή: η γλώσσα, οι βράκες που φορούσαν οι Κρητικοί! Οι μαύρες ή μπλε τσόχινες κρητικές βράκες, είναι κομμένες με τέτοιο τρόπο ώστε να σχηματίζεται ένα είδος φουφούλας ανάμεσα στα πόδια και πίσω από τα γόνατα. Με το βάδισμα αυτή η «φουφούλα» ταλαντεύεται δεξιά-αριστερά όπως οι πιέτες ενός σκωτσέζικου κιλτ. Η Τζέσυ παραξενεύτηκε με αυτό το κόψιμο παντελονιού και όταν ρώτησε το θείο της γιατί υπήρχε τόσο ύφασμα στο πίσω μέρος, εκείνος της απάντησε ότι οι Κρητικοί είχαν ουρές!

Τώρα υπήρχε νεαρή συντροφιά στην οικία Λίντζι. Έκαναν βόλτες στην κοντινή εξοχή και μοιράζονταν την κοινωνική τους ζωή με άλλους ξένους. Ο Τζέιμς Λίντζι ήταν πλέον συνταξιούχος, το 1879, με κτήματα, ελαιώνες, πορτοκαλεώνες και σπίτια τα οποία νοίκιαζε.

Υπάρχει μια ιστορία, με την οποία δεν συμφωνούν όλοι οι συγγενείς, την οποία όμως θυμάμαι να διηγείται η ξαδέρφη μου η Ιζομπέλ, που με τη σειρά της την είχε ακούσει από τη μητέρα μου. Μια μέρα, γύρω στο 1883, όταν ήταν πενήντα εννέα ετών, ο Τζέιμς Λίντζι είχε βγει με το άλογο για να επιθεωρήσει τα χωράφια του, όταν συνάντησε μια νεαρή κοπέλα από τα Τσικαλαριά. Η Σκεύη, όπως λεγόταν, ήταν η διευθύντρια του τοπικού σχολείου και ασφαλώς είχαν να συζητήσουν πολλά μαζί, πολιτιστικά και άλλα θέματα. Δεν ξέρουμε, αν η σχέση διήρκεσε, ξέρουμε όμως ότι γεννήθηκε ένα κοριτσάκι, η Ευανθία ή Εύα. Μεγαλώνοντας έδωσε μεγάλη χαρά στον Τζέιμς αλλά και σε όλη την οικογένεια. Μια τέτοια χαρά όμως έχει μεγάλο τίμημα. Η Εύα υιοθετήθηκε και πήγε να ζήσει στην οικία Λίντζι, ενώ η φυσική μητέρα της, η Σκεύη, θα αντιμετώπισε μεταξύ άλλων, τον πόνο του αποχωρισμού από το παιδί της. Ευτυχώς σε ένα έγγραφο, που βρέθηκε στα χέρια μου, μαθαίνουμε ότι αργότερα παντρεύτηκε και ελπίζω να δημιούργησε τη δική της οικογένεια. Ωστόσο, στην οικία Λίντζι ασφαλώς υπήρχε πόνος και αμηχανία, που όμως θα περνούσε με τον καιρό, αφήνοντας να επικρατήσει η χαρά και η αγάπη που έφερε η Εύα στη Σούδα και σε πολλούς ανθρώπους στη ζωή της. Υπάρχει μια παλιά σέπια φωτογραφία του Τζέιμς και της Μπέτσυ Λίντζι που κάθονται στη σκεπαστή βεράντα της οικίας Λίντζι, ενώ πιο πέρα στέκονται η Τζέσυ και η Μάγκυ. Σε πρώτο πλάνο είναι ένα κοριτσάκι γύρω στα πέντε, που φοράει λευκή ποδιά, η Εύα. Αυτή η φωτογραφία περιγράφει το σκηνικό στην οικία Λίντζι γύρω στο 1889.

Υπήρξε άλλη μια κρίση στο σπιτικό των Λίντζι λίγο αργότερα. Τώρα όμως θα συνεχίσω την ιστορία της Εύας Λίντζι, η οποία προέρχεται κυρίως από οικογενειακές μνήμες και από μερικά γράμματα που βρέθηκαν σε μια παλιά δερμάτινη τσάντα, η οποία βρίσκεται ακόμα σε ένα συρτάρι στο σπίτι με το όνομα «Σούδα» στο Γουόρμιτ, κοντά στο Ντάντι. Θα αναφέρω αποσπάσματα από αυτά τα γράμματα. Η Τζέσυ γράφει στην Εύα που έχει πλέον παντρευτεί και ζει στο Ντάντι. Είναι ένα μακρύ γράμμα γεμάτο αναμνήσεις, με το οποίο την ενημερώνει για το θάνατο της Μάγκυ στις 24 Οκτωβρίου 1917: «*όταν πήγαινες στη Γαλλική Σχολή, και έμενες μαζί μου στο Μπριτζ Χάους στη Χαλέπα, θα έλεγα πριν από 23 χρόνια*». Αυτό σημαίνει ότι η Εύα ήταν δέκα χρονών όταν πήγαινε στη Γαλλική Σχολή.

Οι καθολικές καλόγριες του Αγίου Ιωσήφ ήρθαν πρώτη φορά στα Χανιά το 1852, όπου οι Φραγκισκανοί μοναχοί είχαν ήδη ιδρύσει εκκλησία και ενορία. Στην αρχή οι καλόγριες μοιράστηκαν ένα κτίριο στο κέντρο της πόλης με τους μοναχούς και ξεκίνησαν ένα ημερήσιο σχολείο. Πολλοί ήθελαν να μάθουν γαλλικά, ειδικά οι ξένοι κάτοικοι της πόλης, μεγάλο μέρος από τους οποίους ήταν καθολικοί. Αργότερα, το 1892, οι καλόγριες μεταφέρθηκαν στη Χαλέπα, αγόρασαν ένα οικόπεδο και έχτισαν τη σχολή. Εκεί πήγε σχολείο η Εύα και έμαθε γαλλικά, ενώ ζούσε με την Τζέσυ, στο Μπριτζ Χάους. Εκείνο τον καιρό το Μπριτζ Χάους ανήκε στη Τζέσυ και θα μάθουμε περισσότερα παρακάτω. Το γράμμα που αναφέρω γράφτηκε στην Εύα για να την συγχαρούν για τον επικείμενο γάμο της με τον Τζορτζ Λίντζι από το Ντάντι. Φαίνεται ότι η Εύα μεγάλωσε με τις φροντίδες της Τζέσυ και της Μάγκυ, καθώς η Τζέσυ υπογράφει ως *'η θετή σου μητέρα'*. Ελπίζω η Εύα να είχε ευτυχισμένη παιδική και νεανική ηλικία, όταν ζούσε με τον πατέρα της και την οικογένεια του.

Η Εύα ήταν 22 χρονών το 1906 όταν ξεκίνησε να πάει στη Σκωτία για πρώτη φορά. Πέρασε τα επόμενα χρόνια σπουδάζοντας ως νοσηλεύτρια στο νοσοκομείο Σίμπσον Μεμόριαλ στην πλατεία Λόρεστον στο Εδιμβούργο και στη συνέχεια εργάστηκε ως νοσηλεύτρια. Ένα έγγραφο με την υπογραφή ενός συναδέλφου της, του Τ. Ντιούαρ, το 1912, πιστοποιεί την ταυτότητα της ως υιοθετημένης κόρη του Τζέιμς Λίντζι.

Η Εύα φύλαξε επίσης δυο γράμματα, ένα στα αγγλικά και το άλλο στα ελληνικά, και τα δυο με ημερομηνία 1913. Το γράμμα στα αγγλικά, που είναι γραμμένο από ένα νέο Κρητικό, το Διονύση, την ικετεύει να αλλάξει γνώμη και την κατηγορεί ότι έχει σκληρή σαν πέτρα καρδιά. Ήταν πολύ ερωτευμένος μαζί της και ήθελε να γυρίσει στην Κρήτη και να τον παντρευτεί. Το γράμμα στα ελληνικά είναι από την αδερφή του, η οποία επίσης παρακαλεί εκ μέρους του αδερφού της και λέει ξεκάθαρα στην Εύα ότι η πολύχρονη και επίμονη αφοσίωση του αδερφού της ήταν σημάδι της θέλησης του Θεού και ότι έπρεπε να υποχωρήσει και να δεχτεί την πρόταση γάμου! Άραγε πόσο δυσκολεύτηκε η Εύα να αποφασίσει; Το γεγονός ότι φύλαξε τα γράμματα σημαίνει ότι ο Διονύσης είχε μια θέση στην καρδιά της. Όμως, το 1918 παντρεύτηκε τον ανιψιό του πατέρα της, τον Τζορτζ Λίντζι και ο Διονύσης έφυγε για την Αμερική, όπου τον περίμενε μια άγνωστη μοίρα.

Για την ανακοίνωση της Εύας ότι θα παντρευόταν τον Τζορτζ, η Τζέσυ συνεχίζει στο γράμμα της,

«θέλω να σου δώσω τις θερμότερες ευχές μου για την απόφαση σου και να ξέρεις ότι ήταν επιθυμία του θείου να παντρευτείτε οι δυο σας, από τότε που έμενες μαζί μου στο Μπριτζ Χάους».

Σε ένα γράμμα του 1914, από την αδερφή του Τζορτζ, τη Λόττυ, στην Εύα, διαβάζουμε

«χαίρομαι τόσο πολύ που αρραβωνιάστηκες τον Τζορτζ, και δεν με εκπλήσσει καθόλου αυτό, είχα σκεφτεί αρκετές φορές το ενδεχόμενο».

Έτσι, το 1918, όταν εγώ ήμουν ενός έτους στο Μάντσεστερ, η Εύα παντρεύτηκε τον Τζορτζ Λίντζι. Οι υλικοί δεσμοί με την Κρήτη διακόπηκαν, αλλά θα ακολουθούσαν πολλά, παρά πολλά γράμματα.

Κάνω μερικές σκέψεις σχετικά με την αλληλογραφία, την πρώτη επιστολή που γράφτηκε, το πρώτο γραμματόσημο. Τα γράμματα είναι τόσο σημαντικά στη ζωή μας όσο η τροφή και η ένδυση. Η χρήση της πένας για να καταγράψουμε τις σκέψεις και τα συναισθήματα μας, γράμματα από και προς το μέτωπο, γράμματα στην ξενιτιά. Ο Μπέρναρντ Σω είπε ότι οι μεγαλύτερες ερωτικές ιστορίες στον κόσμο βιώθηκαν μέσα από την αλληλογραφία. Τα γράμματα πήγαν και ήρθαν για πολλά χρόνια από τη Σκωτία στην Κρήτη, ανακουφίζοντας τον πόνο, το χωρισμό και τη νοσταλγία.

Η Εύα και ο Τζορτζ έζησαν σε διάφορα μέρη στο Ντάντι και άλλαζαν σπίτι καθώς μεγάλωνε η οικογένεια τους. Οι τρεις γιοι τους, ο Μπιλ, ο Νίκολ και ο Μπρους, γεννήθηκαν προτού εγκατασταθούν στη διεύθυνση 12 Κρέσεντ Χιλλ στο Γουόρμιτ, ένα μεγάλο σπίτι χτισμένο σε επικλινές έδαφος, με υπέροχη θέα στο Τέι του Ντάντι, όπου γεννήθηκε η κόρη τους η Νάνσυ. Όταν τα παιδιά έφυγαν από το σπίτι για να φτιάξουν τις δικές τους οικογένειες, ο Τζορτζ και η Εύα, που πλέον είχε προβλήματα υγείας, μετακόμισαν σε ένα πιο βολικό σπίτι, στο Νιούτον Παρκ (που σήμερα ονομάζεται οδός Κιλμάνυ) και βάφτισαν το σπίτι τους «Σούδα» Στα δυο σπίτια στο Γουόρμιτ, ο Τζορτζ έφτιαξε θερμοκήπια για την Εύα, όπου φύτεψε αμπέλι για να της θυμίζουν την Κρήτη.

Η Εύα έζησε μια ευχάριστη ζωή. Ο ήπιος, καλοσυνάτος χαρακτήρας της την έκαναν αγαπητή σε όλους, στη δική της οικογένεια και στην ευρύτερη των Λίντζι. Υπήρχε όμως πάντα μια μυστική πτυχή στην ψυχή της. Ένα γράμμα από την Κρήτη ξυπνούσε τις παιδικές της αναμνήσεις. Καθώς κρατούσε στην αγκαλιά της την κόρη της σκεφτόταν την δική της μητέρα, τη Σκεύη. Σκεφτόταν τη λιακάδα και τα Λευκά Όρη της Κρήτης. Η κόρη της, η Νάνσυ, μου έγραψε

«Πάντα είχα την αίσθηση ότι ο Τζέιμς Λίντζι ήταν ο παππούς μου, κρίμα που η αγαπημένη μου μητέρα ντρεπόταν για τις συνθήκες της γέννησης της. Ήταν μια υπέροχη μητέρα».

Πρόσφατα μου έγραψε περισσότερες λεπτομέρειες:

Αγαπητή Μαρί,

Σε ευχαριστώ για το γράμμα σου. Εγκατέλειψα την προσπάθεια να γράψω στον υπολογιστή καθώς αφού έγραψα μια ολόκληρη σελίδα για τη μητέρα μου μετά πάτησα λάθος πλήκτρο και σβήστηκαν όλα πριν προλάβω να τυπώσω!

Οι γονείς μου ήταν από τα πιο αγαπημένα ζευγάρια που έχω γνωρίσει. Ποτέ δεν άκουσα να ανταλλάσουν μια πικρή κουβέντα. Η μητέρα μου ολοκλήρωσε την εκπαίδευση της ως νοσηλεύτρια στο ίδιο νοσοκομείο που σπούδασα κι εγώ, στο Ντάντι, προτού παντρευτούν. Δεν είχε εύκολη ζωή, καθώς η γιαγιά μου, η Μάργκαρετ Ανν, ήρθε να ζήσει μαζί τους μόλις επέστρεψαν από το μήνα του μέλιτος και αποφάσισε ότι ήταν ανάπηρη και δεν μπορούσε να βοηθήσει σε τίποτα τη μητέρα μου. Πάντως η μητέρα μου ευχαριστήθηκε τη ζωή της και ήταν μια καταπληκτική μητέρα για τα τέσσερα παιδιά της. Το μόνο μου παράπονο είναι ότι θα ήθελα να μας είχε πει περισσότερα για την Κρήτη και να μας μάθαινε Ελληνικά. Είχε γίνει μια γνήσια σκωτσέζα και Λίντζι.

Στην διάρκεια του πολέμου έζησε στιγμές μεγάλης αγωνίας, καθώς ο Νίκολ και ο Μπρους ήταν στη Γαλλία. Ο Μπρους επέστρεψε από την Δουνκέρκη και ο Νίκολ μια εβδομάδα αργότερα. Ο Μπιλ ήταν στο εμπορικό ναυτικό και το πλοίο του βυθίστηκε, έμεινε σε μια βάρκα για 28 ώρες προτού φτάσει στη στεριά. Η μητέρα μου άκουγε τις ειδήσεις από το ραδιόφωνο και έβλεπα τα δάκρυα να κυλούν στο όμορφο πρόσωπο της καθώς αγωνιούσε για τα παιδιά της. Η μητέρα μου αγαπούσε πολύ τον κήπο της, ακόμα και το χειμώνα διέσχιζε το χιόνι για να τον φροντίσει. Έφτιαχνε υπέροχη μαρμελάδα από βατόμουρα και τα σκόνς* της ήταν αξεπέραστα. Ήταν εξαιρετική νοικοκυρά.

Η γιαγιά μου πέθανε το Νοέμβριο και η μητέρα μου έπαθε το πρώτο εγκεφαλικό τον Μάιο, μόλις έξι μήνες από την ημέρα που ήταν ελεύθερη να κάνει ότι ήθελε χωρίς να σκεφτεί την πεθερά της. Υπάρχουν τόσες πολλές αναμνήσεις. Όταν ξεκίνησα την εκπαίδευση μου ως νοσηλεύτρια είχα μια πολύ αυστηρή προϊσταμένη, η οποία με έκανε να κλαίω με το παραμικρό. Μια μέρα είχα ραντεβού με τη μητέρα μου για να πιούμε καφέ και καθώς ερχόταν προς το μέρος μου είδε την έκφραση μου και με αγκάλιασε. Όταν της είπα τι είχε συμβεί και ότι ήθελα να εγκαταλείψω τις σπουδές μου, μου είπε 'Νάνσυ, μια Λίντζι δεν καταθέτει ποτέ τα όπλα'. Θυμήθηκα αυτά τα λόγια πολλές φορές στη ζωή μου και πάντα με βοήθησαν. Πέθανε στις 16 Ιανουαρίου 1953 βυθίζοντας σε βαρύ πένθος τον πατέρα μου και όλη την οικογένεια. Ήταν μια καταπληκτική μητέρα.

Με αγάπη, Νάνσυ

Οι τρεις γιοι της, ο Μπιλ, ο Νίκολ και ο Μπρους, μεγάλωσαν και έφτιαξαν τις δικές τους οικογένειες και όλοι εμφανίζονται σε αυτή την ιστορία. Ως επί το πλείστον όμως, δεν γνώριζαν τη σχέση τους με την Κρήτη. Ζούμε σε έναν άλλον αιώνα, όπου οι συνθήκες έχουν αλλάξει πολύ και σήμερα οι συνθήκες γέννησης της Εύας θα θεωρούνταν ένα ευχάριστο γεγονός και μια σταγόνα κρητικό αίμα σημαίνει ότι εμπλουτίζεται το γενετικό βάθος, ύψος και πλάτος. Η Νάνσυ, που ήταν τόσο κοντά στη μητέρα της, ώστε να γίνει και η ίδια νοσηλεύτρια, γνώριζε πολλά για την ανακούφιση του ανθρώπινου πόνου στην ασθένεια και την θεραπεία, έχει την δική της προσωπική ιστορία όπως όλοι μας.

Σκέφτομαι ξανά τις παλιές σέπια φωτογραφίες: η Εύα ως παιδί με την λευκή της ποδίτσα, η Εύα ως κοπέλα στην αυλή της οικίας Λίντζι με τον Τζοκ, το σκύλο, η Εύα στο φωτογραφικό στούντιο να ποζάρει φορώντας ένα περίτεχνο φόρεμα και μακριά μαύρα δαντελωτά γάντια, η Εύα στο Γουόρμιτ, καθισμένη στο γκαζόν, ώριμη πλέον με τα παιδιά της, χαμογελώντας ευτυχισμένη με την Τζέσυ δίπλα της, σε μια από τις σπάνιες επισκέψεις της γιαγιάς μου στη Σκωτία.

Το 1953 η Εύα πέθανε μετά από μια μακριά και οδυνηρή ασθένεια. Η Νάνσυ, που έλειπε, όταν πέθανε η μητέρα της, επέστρεψε για να συντροφέψει τον πατέρα της. Μετά από σχεδόν σαράντα χρόνια ο Τζορτζ Λίντζι είχε χάσει τη σύντροφο του.

Η Εύα πρέπει να ένιωσε μεγάλη νοσταλγία για τον τόπο όπου γεννήθηκε, καθώς πλησίαζε το τέλος. Όλα εκείνα τα χρόνια δεν γύρισε ποτέ στην Κρήτη, ούτε είχε μιλήσει στα παιδιά της για το μακρινό νησί, όπου γεννήθηκε και μεγάλωσε. Είπε στον άντρα της ότι ήθελε να αποτεφρωθεί και η τέφρα της να σκορπιστεί στο λιμάνι της Σούδας. Η Νάνσυ μαζί με τον πατέρα της ταξίδεψαν μέχρι την Κρήτη, όπου ακόμα ζούσε ο πατέρας μου, η μητέρα μου βρισκόταν στην Αθήνα. Μια βάρκα μετέφερε τη Νάνσυ, τον πατέρα μου και τον Τζορτζ λίγο έξω από την ακτή. Εκεί σκορπίστηκε η τέφρα της Εύας, υιοθετημένης κόρης του Τζέιμς Λίντζι, που βούλιαξε αργά στα ήσυχα νερά του λιμανιού της Σούδας. Τελικά είχε επιστρέψει.

Κεφάλαιο 6

Η Τζέσυ και ο Γιωργος - Κρήτη 1887

*E*ρχόμαστε τώρα στη δεύτερη κρίση στην οικία Λίντζι. Μια κρίση δεν σημαίνει πάντα κάτι που οδηγεί στην καταστροφή, σημαίνει όμως ότι παίρνονται αποφάσεις, οι οποίες μπορούν να οδηγήσουν σε πολύ καλά αποτελέσματα, όπως στην περίπτωση της Εύας. Μια απόφαση μπορεί να οδηγήσει σε ένα απρόβλεπτο μέλλον. Καθώς αυτή η κρίση αφορά άμεσα την οικογένεια μου, θα προσέξω ιδιαίτερα πώς θα διηγηθώ την ιστορία του γάμου της γιαγιάς μου με τον ωραίο Κρητικό, τον Γιώργο Κουργιεράκη.

Η οικογένεια Κουργιεράκη, γέννημα θρέμα της Κρήτης, προερχόταν από ένα ορεινό χωριό. Ο πατέρας του Γιάννης Κουργιεράκης, όπως όλοι οι Κρητικοί, ήταν έτοιμος ανά πάσα στιγμή να πολεμήσει τους Τούρκους εισβολείς και σε κάποια φάση της ζωής του αναγκάστηκε να εγκαταλείψει το νησί προκειμένου να αποφύγει τα αντίποινα. Πήγε στην Πελοπόννησο, όπου έζησε για ένα διάστημα στο Ναύπλιο, το οποίο τότε ήταν πρωτεύουσα της ελεύθερης Ελλάδας. Εκεί συνάντησε τη γυναίκα που θα παντρευόταν, την Πηνελόπη. Πάντα τη φανταζόμουν ως μικροκαμωμένη και λεπτεπίλεπτη, με πολλή δαντέλα στο μπούστο της. Καταγόταν από μια

48

εύπορη οικογένεια και ήταν δασκάλα. Ο προπάππος μου επέστρεψε στην Κρήτη με τη νέα του σύζυγο και έχτισε ένα σπίτι στα Τσικαλαριά, όπου ίσως η Πηνελόπη να εργάστηκε στο τοπικό σχολείο.

Εκείνο τον καιρό και ακόμα πιο πρόσφατα, οι γυναίκες έπρεπε να διαθέτουν προίκα όταν παντρεύονταν. Η προίκα περιελάμβανε λινά λευκά είδη, κουζινικά και γενικά είδη σπιτιού- τόσο διαφορετικά από αυτά που χρησιμοποιούν οι σημερινές οικογένειες. Εκείνον τον καιρό, μόλις γεννιόταν ένα κορίτσι, η γιαγιά, η μητέρα και αργότερα η ίδια, έπρεπε να αρχίσουν τις προετοιμασίες για το γάμο. Στα χωριά όλα φτιάχνονταν στον αργαλειό: σεντόνια, μαξιλαροθήκες, πετσέτες και νυχτικά, όλα υφαντά. Στις πόλεις, έκοβαν, έραβαν, κεντούσαν και στόλιζαν με τελείωμα από δαντέλα, ολόκληρα τόπια λινό ή βαμβάκι. Υπήρχαν και προίκες που έμεναν στα σεντούκια ,αν η κοπέλα δεν παντρευόταν. Η προίκα έμενε φυλαγμένη μέσα σε κάποια ξύλινη κασέλα, όπου κιτρίνιζε με τον καιρό, ενώ το άρωμα του ευκάλυπτου κρατούσε μακριά το σκώρο.

Η Πηνελόπη παντρεύτηκε τον κρητικό σύζυγο της και ήρθε στην Κρήτη, φέρνοντας μαζί τα αυημένια κουταλάκια της με χαραγμένα τα σύμφωνα του ονόματος της (ΠΝ ΛΠ ΛΙΡΓΑΚΙ). Ένα από αυτά τα κουταλάκια υπήρχε στο σπίτι μου και στα σπίτια των αδελφών μου. Πιθανώς ο Γιάννης να ήταν επιστάτης της περιουσίας του Λίντζι και φυσικά της δικής του. Ο Γιάννης και η Πηνελόπη απέκτησαν δυο γιους και μια κόρη, τον Μιχάλη, τον Γιώργο και τη Σοφία. Όταν αναφερόταν η Πηνελόπη, στα χρόνια που ακολούθησαν, ήταν πάντα με επαινετικά λόγια και όταν ο μικρότερος γιος της ο Γιώργος φάνηκε καλός στα μαθήματα, εκείνη φρόντισε να συνεχίσει στο γυμνάσιο, ώστε να αποκτήσει τα εφόδια για μια καλύτερη ζωή.

Το 1887 ο Μιχάλης ασχολείτο με την τροφοδοσία των

ξένων πλοίων στο λιμάνι της Σούδας. Η οικογένεια είχε επίσης κοπάδια με πρόβατα και κατσίκια. Υπήρχε ένα γράμμα, το οποίο χάθηκε, από τον Ελευθέριο Βενιζέλο (ο οποίος αργότερα έγινε Πρωθυπουργός της Ελλάδας), προς τους δυο αδερφούς, το Μιχάλη και το Γιώργο, όπου ζητούσε να σταλεί ένας αριθμός προβάτων και να σφακτούν για τους επαναστάτες, που ήταν εγκατεστημένοι στον Προφήτη Ηλία, και πολεμούσαν τους Τούρκους το 1898. Ένα άλλο γράμμα, από το Θέρισο αυτήν τη φορά, ξανά με παραλήπτες τους δυο αδερφούς, συνόδευε κάποια έγγραφα: τα πρακτικά από την επαναστατική συνέλευση στο Θέρισο, τα οποία έπρεπε να παραδοθούν μυστικά τη νύχτα σε κάποια διεύθυνση, όπως αναφέρει η επιστολή. Ο Βενιζέλος υπογράφει: «Με αδελφική αγάπη». Λέγεται επίσης ότι όταν ο Βενιζέλος επισκεπτόταν τη Σούδα, συνέτρωγε με την οικογένεια Κουργιεράκη, πάντα μαζί με το Γιώργο.

Για να επανέλθουμε στην λεπτεπίλεπτη προγιαγιά μου, η οποία ήρθε από το μακρινό Ναύπλιο, (αν και η κατάληξη του ονόματος σε -ακης υποδηλώνει κρητική καταγωγή), τη δασκάλα που ταξίδεψε από την πρώτη πρωτεύουσα της Ελλάδας για να εγκατασταθεί σε ένα μικρό χωριό της Κρήτης. Λέγεται ότι οι άνθρωποι συνεχίζουν να ζουν όσο τους θυμόμαστε, αλλά τι ξέρουμε πραγματικά για αυτούς; Τι ξέρουμε για την Πηνελόπη και τα ασημένια κουταλάκια της; Εγώ απλώς καταγράφω ονόματα και συγγένειες, αλλά τι μπορώ να σας πω για τα αληθινά πρόσωπα, τις χαρές και τις λύπες τους;

Ο μεγάλος γιος της Πηνελόπης, ο Μιχάλης, ακολούθησε τα βήματα του πατέρα του, ασχολήθηκε με τα κοπάδια και παντρεύτηκε μια κοπέλα που λεγόταν Ειρήνη. Απέκτησαν μια μεγάλη οικογένεια, με τα παιδιά των οποίων είμαστε πολύ κοντά, αλλά που θυμούνται ελάχιστα από το οικογενειακό παρελθόν. Ναι, υπήρχε μια μεγάλη κούτα με παλιά γράμματα, έγγραφα, φωτογραφίες, αλλά ίσως με την έκρηξη του Πανορμίτη το 1972 στη Σούδα, που γκρέμισε τη στέγη και τον πρώτο όροφο του σπιτιού, να χάθηκε ή να το πήγαν σε κάποιο συγγενικό σπίτι για φύλαξη και ίσως αργότερα να κάηκε στο τζάκι σαν ένα άχρηστο κειμήλιο. Κι έτσι καίμε τις γέφυρες μας και προχωράμε στη ζωή χωρίς «κειμήλια». Βέβαια υπάρχει η θεωρία ότι το παρελθόν είναι παρελθόν και ότι πρέπει να κοιτάμε στο μέλλον, αλλά όταν γερνάμε και το μέλλον πλησιάζει στο τέλος, γυρνάμε ξανά στο παρελθόν. Το παρελθόν σημαίνει τόσα πολλά για μένα, γιατί το μέλλον δεν μου ανήκει, ενώ το παρελθόν είναι δικό μου. Ολοι αυτοί οι άνθρωποι, άντρες, γυναίκες, παιδιά και ηλικιωμένοι που περπάτησαν σε εκείνον το δρόμο, που σήμερα είναι λεωφόρος, που ανέπνευσαν τον ίδιο αέρα και είδαν το ίδιο πανόραμα και το ίδιο ηλιοβασίλεμα, που όλοι σε κάποια στιγμή ένιωσαν απογοήτευση και αγάπη.

Ο μικρότερος γιος της Πηνελόπης, ο Γιώργος, ήταν ένα έξυπνο, αξιαγάπητο παιδί. Πήγε καλά στο σχολείο και πιθανώς με την ενθάρρυνση της μητέρας του, προχώρησε στο γυμνάσιο. Όταν έφτασε στα είκοσι πέντε του ήθελε πολύ να μάθει μια ξένη γλώσσα. Η Σούδα τότε ήταν ένας διεθνής τόπος, με τα ξένα πολεμικά πλοία αραγμένα στο λιμάνι. Φαίνεται ότι ο μόνος άνθρωπος που μπορούσε να του διδάξει αγγλικά ήταν η ανιψιά του Λίντζι, η Τζέσυ. Έτσι οι δυο τους κάθισαν αντίκρυ σε ένα τραπέζι, μελετώντας ουσιαστικά και ανώμαλα ρήματα. Η Τζέσυ κοίταξε τα σκούρα του μάτια και ο ευπαρουσίαστος και αρκετά νεότερος Γιώργος ανταπέδωσε το βλέμμα της χαμογελαστής σκωτσέζας ανιψιάς του Λίντζι. Η έλξη ήταν αμοιβαία. Δεν ξέρω πόσα αγγλικά έμαθε ο Γιώργος, σίγουρα όμως ερωτεύτηκαν.

Η συνεσταλμένη Μάγκυ Μοντγκόμερυ ήταν απόλυτα ικανοποιημένη να μείνει ανύπαντρη και να φροντίζει τους θείους της, αλλά η Τζέσυ ήταν άλλος τύπος. Σαν κοπέλα στη

Σκωτία ήταν ζωηρή και οι γνώσεις της Αγγλικής Λογοτεχνίας που είχε της επέτρεπαν να απαγγέλει απέξω αποσπάσματα από τον Σαίξπηρ. Πόσο θυμάμαι τη φωνή της. *«Η υπομονή πάνω σε ένα μνημείο, που χαμογελάει στη θλίψη»*. μου ψιθύρισε πολλά χρόνια αργότερα, καθώς στεκόμουν δίπλα στο κρεβάτι της, όταν πλέον ήταν βαριά άρρωστη. Δεν υπήρχαν τότε θεραπείες για να ανακουφίσουν τους πόνους από τον καρκίνο των οστών. Όταν μου χαμογελούσε, ίσως η αγάπη και η επικοινωνία μεταξύ μας την βοηθούσε να αντέξει τους πόνους.

Έτσι, στην ηλικία των τριάντα τριών ετών ερωτεύτηκε με πάθος τον Γιώργο Κουργιεράκη. Αυτός ο έρωτας την τύφλωσε. Η «άτυπη» συμφωνία με το θείο της- ότι είχε έρθει στην Κρήτη μόνο για να φροντίσει τους θείους της και χωρίς καμία πρόθεση να παντρευτεί, σβήστηκε από το μυαλό της. Ήθελε να παντρευτεί τον όμορφο Κρητικό της. Άραγε παραξενεύτηκε όταν ο θείος της εξοργίστηκε μόλις του το είπε; Το περίμενε; Πώς να καταλάβω εκείνη τη στιγμή στη ζωή του θείου Λίντζι και της ανιψιάς του; Ο ισχυρογνώμων Σκωτσέζος, που είδε τα αρχικά του σχέδια να ανατρέπονται, δε σκέφτηκε ότι η ανιψιά του ήταν ακόμα μια νέα γυναίκα γεμάτη ζωντάνια που επιθυμούσε μια δική της ζωή; Εξοργισμένος, την έστειλε πίσω στη Σκωτία με την ελπίδα ότι θα άλλαζε γνώμη. Πόσο λίγο γνώριζε την Τζέσυ Λίντζι!

Έχουμε μια ωραία φωτογραφία σέπια από εκείνη την εποχή, με την Τζέσυ στο Ντάντι, περιτριγυρισμένη από τα ανίψια της, τα παιδιά των αδερφών της Τζορτζ και Γουίλυ και την αδερφή της Τζέιν.

Η γιαγιά μου όμως ήταν κατά βάθος ένας ρομαντικός τύπος, ακόμα και προτού έρθει να ζήσει στην Κρήτη, την είχαν ερωτευτεί αρκετοί νέοι άντρες, όπως ο Άλαν, ο οποίος τελικά πήγε στην Κίνα ως ιεραπόστολος. Δεν ξέρω πόσο καιρό έμεινε στη Σκωτία, αλλά τελικά η δύναμη της αγάπης την επανέφερε στην Κρήτη, αποφασισμένη να παντρευτεί το Γιώργο. Δεν ξέρω ακριβώς πόσο βαθιά ήταν η ρήξη με το θείο της. Η γιαγιά μου πάντα έλεγε ότι ο θείος της την αποκλήρωσε. Υπάρχει μια άλλη ιστορία, στην οποία η Μάγκυ πήγε τα δυο παιδιά της Τζέσυ, τη Νέλλη και τον Τζιμ, να επισκεφτούν τους προθείους στη Σούδα, και ο Λίντζι είπε: «πάρε από εδώ αυτά τα κουτσούβελα». Άραγε είχε γίνει ένας στριμμένος γέρος;

Μια πιο αναλυτική εξέταση του θέματος με έκανε να σκεφτώ διαφορετικά. Σίγουρα δεν έδωσε τη συγκατάθεση του για το γάμο και μάλλον δεν παραβρέθηκε, καθώς θα είχε γίνει στο σπίτι των Κουργιεράκηδων. Έχουμε αποδείξεις της επιθυμίας του να αναγκάσει τη Τζέσυ να μείνει ανύπαντρη, που όμως υπονοούν επίσης ότι πίστευε πως σε κάποια φάση της ζωής της ίσως να παντρευόταν, σύμφωνα με αυτά που έγραψε στη διαθήκη του προτού η Τζέσυ συναντήσει το Γιώργο, :

«Δίνω εντολή στους διαχειριστές της περιουσίας της προαναφερθείσας ανιψιάς μου Τζέσι της πρωτότοκης Λίντζι, εφόσον ζει τότε και δεν έχει παντρευτεί ποτέ να της επιτρέψουν τη χωρίς ενοίκιο εφ' όρου ζωής χρήση και απόλαυση της περιουσίας μου στην οδό Αν Στριτ, Ντάντι, αλλά μόνον αν και εφόσον αυτή παραμείνει ανύπαντρη και κατά το θάνατό της ή το γάμο της ή κατά την περίπτωση που πεθάνει νωρίτερα ή αν παντρευτεί προτού αυτό το καταπίστευμα κατατεθεί υπέρ της, τότε δίνω εντολή να μεταβιβάσουν την προαναφερθείσα περιουσία στην οδό Αν Στριτ εξ' ολοκλήρου στην προαναφερθείσα Ευανθία, την υιοθετημένη κόρη μου, εφόσον εκείνη ζει τότε και είτε έχει παντρευτεί είτε όχι...»

Η παραπάνω διαθήκη στάλθηκε στην Εύα όταν έφτασε στην ηλικία των είκοσι ενός ετών, το 1904.

Ο Γιώργος Κουργιεράκης ήταν ωραίος και ευγενικός και τώρα είχε μάθει και λίγα αγγλικά, αλλά δεν φαίνεται να είχε κάνει καριέρα. Πώς κέρδιζε το ψωμί του; Σε λίγο θα ξεκινούσε μια οικογένεια, αλλά με τι οικονομικές βάσεις; Τα οικογενειακά χωράφια θα τους προμήθευαν αρκετό λάδι και κρασί, λαχανικά και φρέσκα φρούτα, αλλά ο έρωτας ήταν αρκετός;

Το νιόπαντρο ζευγάρι εγκαταστάθηκε στο Μπριτζ Χάους στη Χαλέπα, που ακόμα νοίκιαζε ο Τζέιμς Λίντζι και πρέπει να ακολούθησε ένα διάστημα που ο Λίντζι και η Τζέσυ δε μιλούσαν μεταξύ τους, αλλά το αίμα νερό δεν γίνεται. Τελικά, φαίνεται ότι αποκαταστάθηκαν οι σχέσεις τους και ότι η Τζέσυ ξαναβρέθηκε κοντά στους θείους της. Υπάρχει μια παλιά φωτογραφία σέπια στην οποία ο ηλικιωμένος Τζέιμς Λίντζι κοιτάζει με ένα στοργικό χαμόγελο τον Τζιμ Κουργιεράκη, (η οικογένεια πλέον κατήργησε το -ακης από την κατάληξη του επωνύμου τους και έτσι από εδώ και πέρα θα αναφέρομαι σε αυτούς ως Κούριερ).

Ο Γιώργος και η Τζέσυ απέκτησαν δυο παιδιά: τη Νέλλη, που γεννήθηκε το 1892 και τον Τζιμ το 1894. Ακολούθησαν δυο ακόμα παιδιά, ο Μανώλης και η Τζέμμα, που πέθαναν όμως πολύ μικρά. Ο γάμος τους ξεκίνησε ευτυχισμένα, αν και πρέπει να υπήρχαν τεράστιες πολιτιστικές διαφορές: η Τζέσυ ήταν μια νεαρή Σκωτσέζα, μορφωμένη και εκλεπτυσμένη και ο Γιώργος ένας Κρητικός βενιζελικός, παθιασμένος με την πολιτική, που τότε όπως και σήμερα, σημαίνει ατέλειωτες συζητήσεις για πατριωτικά θέματα. Για τους Κρητικούς σημαίνει επίσης ένα πλούσια στρωμένο τραπέζι και κατανάλωση μεγάλης ποσότητας κρασιού και τσικουδιάς! Έχω ακούσει ότι ο Βενιζέλος επισκεπτόταν συχνά την οικογένεια Κουργιεράκη, όταν βρισκόταν στη Σούδα, και ο Γιώργος ήταν πάντα εκεί να τον υποδεχτεί.

Για να βγάλει τα προς το ζην, ο Γιώργος ίσως να ξεκίνησε να

εργάζεται ως υπάλληλος στο δήμο Σούδας, καθώς αργότερα, όταν οι δήμοι Σούδας και Ακρωτηρίου ενώθηκαν, εκείνος εξελέγη Δήμαρχος. Πρέπει να ήταν μια εποχή ευημερίας για την Τζέσυ και την οικογένεια της που μεγάλωνε, αλλά δεν νομίζω ότι κράτησε πολύ και υπήρξαν ξανά οικονομικές δυσκολίες. Πολλά χρόνια αργότερα, ο Γιώργος διορίστηκε ως τελωνειακός, κάτι που ασφαλώς θα διευκόλυνε την κατάσταση.

Οι Κούριερ συνέχισαν να ζουν στο Μπριτζ Χάους. Πρέπει να ήταν οδυνηρό όταν χάθηκαν τα δυο μωρά και δεν γεννήθηκαν άλλα μετά. Η Εύα, όπως ξέρουμε, ζούσε με την Τζέσυ στη Χαλέπα και πήγαινε στη Γαλλική Σχολή. Εκείνη την εποχή εμφανίζονται τα πρώτα σημάδια της ενασχόλησης με τη θρησκεία στη ζωή της Τζέσυ. Ένα μικρό βιβλιαράκι για την ιστορία της Ευαγγελικής Εκκλησίας στα Χανιά, που φαίνεται ότι ιδρύθηκε από την Βρετανική Βιβλική Εταιρία, αναφέρει τα ονόματα των Τόμσον και Μπρους ως ιδρυτές το 1887-1896 και ότι οι συναντήσεις γινόταν σε ένα σπίτι στα Χανιά που ανήκε στον Θεόδωρο Μιχαηλίδη. Ο Τζέιμς Λίντζι και η Τζέσυ παρακολουθούσαν τις κυριακάτικες συναντήσεις. Αναφέρονται επίσης συναντήσεις στην οικία Λίντζι και ότι μέλη της Ευαγγελικής κοινότητας ήταν καλεσμένοι στις πασχαλινές γιορτές. Αναφέρεται επίσης ότι το κατηχητικό γινόταν στους Λίντζι. Ξέρουμε ότι ο Σάντγουιθ, ο Βρετανός πρόξενος από το 1869 ως το 1889 συμμετείχε στις θρησκευτικές δραστηριότητες. Δεν ξέρω πότε ήρθε στην Κρήτη η ιεραπόστολος κυρία Γουάτσον, ξέρω μόνο ότι έφυγε το 1910. Από ότι κατάλαβα, ζούσε μαζί με την Τζέσυ στο Μπριτζ Χάους και από το 1905 στην οικία Λίντζι. Πιστεύω ότι εκείνη μύησε τη Τζέσυ στο φανατικό χριστιανισμό, που δεν ταίριαζε με το γάμο της. Η Ευαγγελική Εκκλησία χτίστηκε πολύ αργότερα και η Τζέσυ αναφέρεται ως ένα από τα ιδρυτικά μέλη.

Πρέπει να συνεχίσω να υφαίνω το σχέδιο από φως και σκιά που έδωσε κάποιο νόημα στη ζωή τους μαζί. Σήμερα, που οι μικτοί γάμοι δεν αποτελούν πια εξαίρεση, η προέλευση ενδιαφέρει ακόμα τους ανθρώπους. Μερικοί το αντιμετωπίζουν με ψυχραιμία ενώ άλλοι αναζητούν ένα βαθύτερο νόημα. Υπάρχει ένα ελληνικό γνωμικό που λέει «παπούτσι από τον τόπο σου κι ας είναι μπαλωμένο». Γιατί ο Γιώργος Κουργιεράκης παντρεύτηκε την Τζέσυ; Τον κέρδισε η ευχάριστη ιδιοσυγκρασία της; Γιατί η Τζέσυ παντρεύτηκε τον Γιώργο; Τον βρήκε αξιαγάπητο και λεβέντη!

Σε αυτήν την αφήγηση δεν χρειάζεται να ερευνήσουμε την ιδιωτική τους ζωή. Αυτοί οι δυο άνθρωποι, η Τζέσυ και ο Γιώργος, είναι και οι δυο πολύ αγαπητοί σε μένα. Προσωπικά θεωρώ υπεύθυνη την κυρία Γουάτσον για τα προβλήματα στο γάμο τους. Η θρησκεία είναι ωφέλιμη όταν μένει στο ουράνιο και πνευματικό επίπεδο. Η μισαλλοδοξία, η προκατάληψη και ο δογματισμός είναι καταστροφικά και περιοριστικά.

Θέλω να αναφέρω δυο περιστατικά τα οποία έζησα σε πρώτο πρόσωπο, αρκετά χρόνια αργότερα. Η μητέρα μου καθόταν μπροστά σε ένα παράθυρο στη Μπέλα Βίστα, μια Κυριακή πρωί, λιμάροντας τα νύχια της, όταν μπήκε στο δωμάτιο η γιαγιά μου και της έκανε παρατήρηση επειδή «εργαζόταν την Κυριακή». Μια άλλη φορά στη Μπέλα Βίστα, όταν ο πατέρας μου ήθελε το κυριακάτικο γεύμα να περιλαμβάνει ροζμπίφ και πατάτες, η γιαγιά μου προσπάθησε να επιβάλει την άποψη ότι έπρεπε να ετοιμαστεί ένα κρύο γεύμα από την προηγούμενη- προκειμένου να μην γίνεται καμία εργασία την Κυριακή. Έτσι η γιαγιά μου, που ήταν πάντα χαμογελαστή και στοργική, απάγγελε Σαίξπηρ και τραγουδούσε σκωτσέζικα τραγούδια, σιγά-σιγά γινόταν μια προκατειλημμένη φανατική θρησκευόμενη.

Έτσι το ρήγμα ανάμεσα στο ζευγάρι εκείνη την εποχή γινόταν πιο φανερό στην οικία Λίντζι. Ο παππούς μου ήθελε

αριστερά: το σπίτι μας στη Χαλέπα,
η Μπέλα Βίστα

κάτω: η Ιολάνθη και η Κρυστάλη
στην Μπέλα Βίστα

πάνω: ο τάφος του Τζέιμς και της Μπέτσυ Μπελ, στο νεκροταφείο Σούδας

αριστερά: ο Τζέιμς και η Μπέτσυ Λίντζι

κάτω: η Έλεν Λίντζι με τους γονείς της, Ρόμπερτ και Τζάνετ

πάνω: το κατάστημα εμπορίου πατάτας του Λίντζι, στο Ντάντι

κάτω: πορτρέτα του Ρόμπερτ Λίντζι και της γυναίκας του, Τζάνετ Έλντερ

Ουίλιαμ Λίντζι

Τζέιν Χορν, σύζυγος του Ουίλιαμ Λίντζι

Τζέσυ Λίντζι (η γιαγιά μου)

Μάγκυ Μοντγκόμερυ, Χανιά

Ο Τζέιμς και η Μπέτσυ Λίντζι και η Μάγκυ
Μοντγκόμερυ

Ο Τόμας Β. Σάντγουιθ σε ηλικία 49
ετών, το 1880

αριστερά και κάτω: Εσωτερικό
δωματίου και εξωτερική σκάλα του
Μπριτζ Χάους

Η οικία Λίντζι, το 1875

από αριστερά προς τα δεξιά: Κρυστάλη, Μαρι, Ιολάνθη, Νέλλη και Γιώργος Ναξάκης στην οικία Λίντζι, περίπου 1939

πάνω: η οικία
Λίντζι- θέα από
την ανατολική
πλευρά

αριστερά: η οικία
Λίντζι-θέα από τη
νότια πλευρά

κάτω: είσοδος
στο Ναύσταθμο,
Σούδα

Ο Γουίλυ Λίντζι και η αδερφή του
Τζέσυ (η γιαγιά μου)

Ο αδερφός της Τζέσυ, Τζορτζ Λίντζι, η
σύζυγος του Τζέσυ και η οικογένεια τους

Τζέιν Λίντζι

Η Νέλλη Λίντζι (Μπλέιν) και ο γιος
της Μπιλ, στον Καναδά

Δεξιά:

ο τάφος της Τζέιν Λίντζι, στο νεκροταφείο Χανίων

Κάτω:

η κόρη του Γουίλυ Λίντζι, Μπέλα

Κάτω δεξιά:

η κόρη του Γουίλυ Λίντζι, Τζην

πάνω: Μάγκυ Μοντγκόμερυ, Τζέιμς Λίντζι, Μπέτσυ Λίντζι, Εύα και η υπηρέτρια

δεξιά: Εύα, Τζιμ και Νέλλη Κούριερ

αριστερά: η γιαγιά Τζέ[...] η Εύα και ο Τζορτζ μ[...] τον Ρόι και τον Έρικ [...] Λίντζι

πάνω: στην οικία Λίντζι- Μάγκυ, Εύα, Μπέτσυ, Τζιμ και Τζέιμς Λίντζι

πάνω: η Εύα στο Ντάντί, το 1947

δεξιά: η γιαγιά Τζέσυ στο Ντάντί με τους ανιψιούς και τις ανιψιές της

αριστερά: η Τζέσυ και ο Γιώργος Κουργιεράκης με τη Νέλλη και το Τζιμ (τη μητέρα και το θείο μου)

κάτω αριστερά: ο Γιώργος Ναξάκης και η Νέλλη Κουριεράκη σε μια βόλτα

κάτω: η Μαρι Ναξάκη Καρυώτη στον τάφο του Τζέιμς Λίντζι που μεταφέρθηκε στο πολεμικό νεκροταφείο της Σούδας

νω: γαμήλια συνάντηση του Γιώργου και της
έλλης Ναξάκη

ξιά: το οικογενειακό μας σπίτι στο Μάντσεστερ

τω: ο πατέρας μου με την Κρυστάλη και εμένα

αριστερά: η γιαγιά Τζέσυ με τον θείο Τζιμ στο Νταντί

κάτω: η θεία Πέγκυ και ο θείος Τζιμ με τις κόρες τους Τρίσια και Μάριον

κάτω αριστερά: ο Σάιμον Πράιορ

κάτω δεξιά: η Νανσυ Λίντζι Πέιν

η γυναίκα του να ετοιμάζει ένα πλούσιο τραπέζι με φαγητά και ποτά για τους φίλους και συγγενείς του, ενώ η κυρία Γουάτσον με την Τζέσυ ασχολούνταν με τις προσευχές και τους ύμνους στο επάνω δωμάτιο. Όταν παντρεύτηκε η Τζέσυ, ο αδερφός της έστειλε ένα υπέροχο αρμόνιο από ροδόξυλο, για να παίζει και να τραγουδάει σκωτσέζικα τραγούδια. Τώρα όμως έπαιζε μόνο ύμνους. Πόσες φορές έπαιξα κι εγώ εκείνο το αρμόνιο!

Ο Γιώργος και η Τζέσυ απομακρύνονταν σταδιακά, καθένας με τα δικά του ενδιαφέροντα. Σε ένα γράμμα του Τζορτζ Λίντζι στη Τζέσυ από το Νταντί καταλαβαίνουμε κάτι περισσότερο για αυτή την απόσταση: Ο Τζορτζ αναφέρει πόσο λυπάται που ο Γιώργος Κουργιεράκης αναγκάστηκε να εγκαταλείψει το σπίτι του και να αναζητήσει καταφύγιο αλλού εξαιτίας της πολιτικής κατάστασης. Μήπως οι Βασιλικοί απειλούσαν τη ζωή του; Μήπως αυτός ήταν ο λόγος που έστειλε το γιο του τον Τζιμ στη Σκωτία σε τόσο νεαρή ηλικία;

Δεν πρέπει να κρίνω τη γιαγιά και τον παππού μου, ίσως η αγάπη και ο αμοιβαίος σεβασμός να κράτησε για πάντα. Αλλά δεν πρέπει να ξεχνάμε το αρχαίο ελληνικό ρητό: «Μέτρον άριστον» και ο θρησκευτικός ζήλος της γιαγιάς μου ήταν υπερβολικός. Ξέρω ελάχιστα για τον παππού μου, πέθανε όταν ήμουν εννιά ή δέκα χρονών.

Ο παππούς μου πέθανε εξαιτίας ενός τραύματος στο κεφάλι, όταν έπεσε προς τα πίσω σε ένα γλέντι στην εξοχή, όπου διασκέδαζε μαζί με τους φίλους του. Στο νοσοκομείο, εκείνες τις τελευταίες μέρες της ζωής του, ήθελε μόνο τη Τζέσυ στο προσκεφάλι του, εκείνες τις τελευταίες ώρες οι δυο τους ξαναβρήκαν τη στοργή των πρώτων χρόνων, τη στοργή που δικαιούνταν. Οι συνθήκες και οι επιρροές τούς είχαν απομακρύνει. Είναι θλιβερό ότι τα δυο μικρά παιδιά τους, η Νέλλη και ο Τζιμ, έζησαν αυτήν την τραυματική εμπειρία, αλλά θέλω να πιστεύω ότι ο χρόνος επουλώνει τις πληγές.

Κεφάλαιο 7

Κρήτη: τέλος του 19ου αιώνα

Στα τέλη του 19ου αιώνα υπήρχαν πολλές αλλαγές στο σπιτικό των Λίντζι. Ένα νέο κορίτσι, η Εύα, και δυο παιδάκια που μπαινόβγαιναν στα παλιά ευρύχωρα σπίτια στη Σούδα και στη Χαλέπα, παίζοντας στις αυλές και στους κήπους και των δυο σπιτιών. Το ηλικιωμένο ζευγάρι περιτριγυριζόταν από νέα ζωή. Ο Τζέιμς, που πλέον είχε πάρει σύνταξη, ήταν ακόμα δραστήριος: Όπως αναφέρει ο πρόξενος Ντίκσον, ο Τζέιμς Λίντζι ήταν ακόμα υπεύθυνος για τις επισκευές των πλοίων, που αγκυροβολούσαν στη Σούδα. Ήταν επίσης γαιοκτήμονας και ιδιοκτήτης μιας σειράς από μικρά σπιτάκια κοντά στην οικία Λίντζι και κάποιων μικρών κτιρίων πιο κοντά στην παραλία. Ένα από τα κτίρια κοντά στην ακτή ήταν το «Τεϊοποτείον» για τους αξιωματικούς του ναυτικού, όταν αγκυροβολούσαν τα πλοία.

Η φιλία του Λίντζι με τον Τόμας Σάντγουιθ σίγουρα ήταν πηγή αμοιβαίας χαράς. Οι δυο άντρες συναντιόντουσαν και συζητούσαν στη γλώσσα τους και αντάλλασσαν απόψεις για τις συνεχιζόμενες τοπικές πολιτικές συγκρούσεις. Ο Τόμας Σάντγουιθ υπήρξε σημαντικός συλλέκτης κρητικών εργοχείρων, όπως δαντέλες, υφαντά και κεντήματα. Πολλές χωρικές χτυπούσαν την πόρτα του και έφερναν κομμάτια από τις πανέμορφες προίκες τους να τα πουλήσουν για μερικά νομίσματα στους δύσκολους καιρούς, για να αγοράσουν τρόφιμα. Δεν ήξερε πολλά για τη δραστηριότητα του συλλέκτη, ήξερε όμως ότι αυτά τα υπέροχα χειροποίητα υφαντά είχαν αξία. Κάθε κομμάτι ταξινομήθηκε με σχολαστικότητα. Σε αντάλλαγμα έδινε μερικά χρήματα. Δεν υπάρχει καμία αναφορά της κυρίας Σάντγουιθ σχετικά με τη μεγάλη συλλογή Σάντγουιθ, που σήμερα φυλάσσεται στο Μουσείο Βικτωρίας και Αλβέρτου στο Λονδίνο. Πρόσφατα μου έδωσαν το βιβλίο «Ελληνική δαντέλα στο Μουσείο Βικτωρίας και Αλβέρτου» και με έκπληξη διαπίστωσα ότι η κόρη του Σάντγουιθ, η Σαρλότ, ήταν η κυρία Μπόϊς -Σμιθ, με την οποία αλληλογραφούσε για πολλά χρόνια η γιαγιά μου. Πόσο καλά θυμάμαι τα γράμματα της να φτάνουν στην Κρήτη και τη χαρά που έδινε αυτή η φιλία στη γιαγιά μου.

Το σπίτι του Σάντγουιθ βρισκόταν στη Χαλέπα και οι δυο οικογένειες αντάλλασσαν επισκέψεις, κάνοντας τη διαδρομή με την άμαξα. Οι άντρες συζητούσαν για τις σκληρές συνθήκες που επικρατούσαν στο νησί, ενώ οι γυναίκες έπιναν τσάι και έτρωγαν φρεσκοψημένα σκόνς, συζητούσαν για την τελευταία μόδα και τα νέα από την Αγγλία. Άραγε έκαναν μαζί βόλτες στην εξοχή εκείνα τα μακρινά καλοκαιρινά βράδια;

Ο χρόνος κυλούσε στη Σούδα και στη Χαλέπα. Ο Σάντγουιθ και ο Λίντζι ενδιαφέρονταν με θέρμη για την ευημερία του νησιού, ακόμα περισσότερο ο Σάντγουιθ, ο οποίος ως Βρετανός πρόξενος, έδειξε ζωηρό ενδιαφέρον για τη Συμφωνία της Χαλέπας, όταν ασκήθηκαν πιέσεις στην τούρκικη κυβέρνηση να σεβαστεί τα δικαιώματα του χριστιανικού πληθυσμού.

Εκείνη η μακρινή περίοδος στην οικία Λίντζι, στη Σούδα, στα τέλη του 19ου αιώνα, δε θα καταγραφόταν, αν δεν υπήρχε η Μάγκυ Μοντγκόμερυ, η οποία αποφάσισε να δημοσιεύσει σε ένα μικρό βιβλίο κάποια γράμματα, που είχε γράψει σε έναν πάστορα στη Σκωτία, ώστε με τα έσοδα να βοηθήσει μερικές από τις άπορες οικογένειες στη Σούδα. Το τελευταίο αντίγραφο του βιβλίου, με τίτλο «*Η εμπειρία μιας Σκωτσέζας στην Κρήτη*» πέρασε από την γιαγιά μου στη μητέρα μου και στη συνέχεια σε μένα. Το ξεθωριασμένο πράσινο εξώφυλλο έδειχνε ότι είχε διαβαστεί πολλές φορές. Δυστυχώς το πρωτότυπο χάθηκε, αλλά έχω ένα αντίγραφο από το οποίο λείπουν μόνο λίγες σελίδες, όπου αναφέρεται ότι η τελευταία επιθυμία του θείου Λίντζι ήταν η οικία Λίντζι να γίνει ένα πνευματικό καταφύγιο για τους πιστούς των Χανίων. Τώρα το ξαναδιαβάζω. Είχα σκεφτεί να αντιγράψω μόνο μερικά αποσπάσματα, αλλά νομίζω ότι πρέπει να δημοσιευτεί αυτούσιο στο τέλος αυτής της αφήγησης. Είναι η μοναδική απευθείας εικόνα που έχουμε για την ιδιωτική ζωή των Λίντζι στη Σούδα, σε μια συγκεκριμένη περίοδο, προς το τέλος της μακράς παραμονής των τριάντα ετών που έζησαν στην Κρήτη.

Η Μάγκυ Μοντγκόμερυ τελειώνει την αφήγηση της με το θάνατο των ηλικιωμένων θείων. Ο θείος Λίντζι πέθανε στην οικία Λίντζι το 1899, σε ηλικία εβδομήντα πέντε ετών, και οι δυο του ανιψιές τον φρόντισαν μέχρι το τέλος. Μόλις ένα χρόνο αργότερα πέθανε η γυναίκα του, στη Χαλέπα και όχι στη Σούδα. Γιατί δεν μπόρεσε η Μάγκυ να κρατήσει την ηλικιωμένη θεία στο σπίτι της; Η Μάγκυ πέθανε μετά από δεκαέξι χρόνια.

Κοιτάζοντας πίσω σκέφτομαι πόσο θα ήθελα να ξέρω περισσότερα για τους προγόνους μου. Κοιτάζω τις σέπια φωτογραφίες και αναλογίζομαι. Γύρισε ποτέ στη Σκωτία ο Τζέιμς; Αν το είχε κάνει θα υπήρχε κάποια αναφορά. Το μόνο που ξέρουμε είναι ότι αργότερα, το 1906, η Μάγκυ και η Εύα ταξίδεψαν στη Σκωτία μαζί, η Μάγκυ για μια σύντομη επίσκεψη και η Εύα για πάντα. Ο Τζέιμς Λίντζι είχε ζήσει μια ευχάριστη ζωή με την οικογένεια και τον περίγυρο του.

Εκτός από την φιλία του με τον Σάντγουιθ, είχε και πολλούς άλλους φίλους στη Σούδα: Βρετανούς αξιωματικούς του ναυτικού, Έλληνες, ακόμα και Τούρκους υποθέτω. Ήταν εύπορος και πρόσφατα έμαθα ένα γεγονός που αποδεικνύει τις γνώσεις του σχετικά με την καλλιέργεια της γης. Ένας από τους πορτοκαλεώνες του Λίντζι πουλήθηκε αργότερα σε έναν ντόπιο αγρότη, ο οποίος μου είπε ότι το αρδευτικό σύστημα που είχε εγκαταστήσει ο Λίντζι, πριν από εκατό χρόνια, λειτουργούσε ακόμα.

Ο Τζέιμς Λίντζι και η Μπέτσυ Μπελ αναπαύθηκαν στο βρετανικό κοιμητήριο στη Σούδα. Η διαδρομή προς αυτό ήταν μια ευχάριστη βόλτα από την οικία Λίντζι, η οποία διαρκούσε περίπου μισή ώρα. Μια από τις αγαπημένες διαδρομές μας για να πάμε στο νεκροταφείο περνούσε πάνω από ένα λόφο με αγριολούλουδα. Γύρω από το νεκροταφείο υπήρχε ένας ψηλός πέτρινος τοίχος και στην είσοδο μια σφυρήλατη σιδερένια πόρτα που έτριζε, όταν την ανοίγαμε. Υπήρχαν κυπαρίσσια και χαμηλοί θάμνοι με γεράνια. Η βρετανική κυβέρνηση πλήρωνε για τη συντήρηση του για πολλά χρόνια. Ο τάφος του Τζέιμς Λίντζι και της Μπέτσυ Μπελ ήταν από τους πιο επιβλητικούς και περίτεχνους. Πιο διακριτικός ήταν της Μάγκυ Μοντγκόμερυ. Υπάρχουν επίσης τάφοι Βρετανών και ανθρώπων από άλλες χώρες: προξίνων, αξιωματικων του ναυτικού και πεσόντων στον πόλεμο. Στη μια άκρη υπήρχε μια σειρά από έξι ή εφτά απλές ταφόπλακες κάποιων Ρώσων ναυτικών που σκοτώθηκαν σε έναν καυγά μεταξύ μεθυσμένων στη Σούδα. Καθώς καθόμαστε σε κάποιο τάφο ή στον τοίχο, η γιαγιά και η μητέρα μου μας έλεγαν αυτές τις ιστορίες. Πόσο καλά θυμάμαι τις βόλτες μας εκείνα τα καλοκαιρινά βράδια, όταν μαζί με τις αδερφές μου απαγγέλλαμε το ποίημα του Γουόρντσγουορθ «Είμαστε επτά». Άραγε πήγα ποτέ εκεί μόνη μου;

Τα χρόνια περνούσαν, ξεκίνησαν και τελείωσαν οι δυο

Παγκόσμιοι Πόλεμοι, πόλεμοι που επηρέασαν πολύ τη ζωή μας. Η οικογενειακή ιστορία και οι δεσμοί διακόπηκαν βίαια. Μεγαλώσαμε, χάσαμε επαφή. Τώρα ίσως περισσότερο από ποτέ άλλοτε, οι άνθρωποι αναζητούν τις προπολεμικές τους ρίζες, προσπαθούν να θυμηθούν το παρελθόν, όπως ο Ρόι και ο Έρικ Λίντζι, που βρήκαν εκείνη τη φωτογραφία στη δερμάτινη τσάντα της γιαγιάς τους και ταξίδεψαν μέχρι την Κρήτη για να ανακαλύψουν τον «συνονόματο» τους.

Μετά από τον τελευταίο πόλεμο, το παλιό βρετανικό κοιμητήριο κατεδαφίστηκε και σε εκείνο το σημείο χτίστηκαν κατοικίες. Είχε ήδη σχεδιαστεί το βρετανικό κοιμητήριο πολέμου σε ένα ήσυχο πλάτωμα στο άκρο από το λιμάνι της Σούδας. Εκείνη την εποχή λείπαμε όλοι από την Κρήτη, αλλά ένας οικογενειακός φίλος στο Ναύσταθμο ενημέρωσε τους υπεύθυνους για τον τάφο των Λίντζι. Ό,τι είχε απομείνει από τον τάφο και από μερικούς άλλους από το παλιό νεκροταφείο μεταφέρθηκαν στο καινούριο.

Διάβασα κάπου ότι «*μια ιστορία είναι ένα γράμμα που γράφει στον εαυτό του ο συγγραφέας, για να πει πράγματα που δε θα μπορούσε να ανακαλύψει με άλλο τρόπο*». Νομίζω ότι αυτό κάνω. Λίγο καιρό προτού έρθει στην Κρήτη ο Πρίγκιπας Γεώργιος (ίσως πω κάτι παραπάνω για αυτήν την περίπλοκη ιστορία) και πριν από το τέλος του αιώνα, το 1897 έγινε η τελική εξέγερση στην Κρήτη για την ανεξαρτησία και την Ένωση με την Ελλάδα. Οι ήρωες της εποχής ήταν ο Ελευθέριος Βενιζέλος και αργότερα ο συγγραφέας Νίκος Καζαντζάκης. Δυστυχώς, ο Λίντζι δεν πρόλαβε να τους γνωρίσει και να δει την ειρήνη και την ευημερία στην Κρήτη.

Κεφάλαιο 8

Η οικία Λίντζι και η επανάσταση

Τον Οκτώβριο 2005 ο πεντάχρονος Χάρυ Φίτον, κάθισε στα παλιά πέτρινα σκαλοπάτια και έξυσε το πόδι του στο σημείο όπου τον είχαν γδάρει οι τσουκνίδες. Μαζί με τη μητέρα του, τη Σάρα, και τη γιαγιά του, την Μάριον, είχαν επιχειρήσει να σκαρφαλώσουν πάνω από τσουκνίδες και τα χαλάσματα από το πίσω μέρος της οικίας Λίντζι στο μπροστινό. Κοίταξα τον Χάρυ και του είπα: «αυτό το σπίτι χτίστηκε από τον προ προ προ θείο σου.» Εκείνος με κοίταξε με δυσπιστία και απορία. Για το μικρό αγόρι αυτό το 'προ προ προ' πήγαινε τόσο πίσω στο χρόνο όσο η ιστορία του Μινώταυρου, την οποία διηγιόταν την προηγούμενη μέρα καθώς κατεβαίναμε το δρόμο προς την Ανώπολη Σφακίων. Για μένα, που άλλη μια φορά επισκεπτόμουν την παλιά οικία Λίντζι μαζί με συγγενείς που είχαν διασχίσει τον ωκεανό για να περάσουν ξανά τις διακοπές τους στην Κρήτη, ήταν μια στιγμή συγκίνησης και μνήμης. Οι γκρίζοι τοίχοι φυλάνε την ιστορία τους και όλοι πλησιάζουμε για να ακούσουμε.

Η ιστορία της οικίας Λίντζι δεν τελειώνει με το θάνατο του Τζέιμς και της Μπέτσυ. Το σπίτι είχε ακόμα χρόνια ζωής μπροστά του. Στα τέλη του αιώνα η Μάγκυ Μοντκγόμερυ ήταν η μόνη ένοικος. Στον τάφο είναι χαραγμένες οι ημερομηνίες των θανάτων τους: ο Τζέιμς Λίντζι απεβίωσε στη Σούδα το 1899 και η Μπέτσυ Μπελ στη Χαλέπα το 1900. Ο Τζέιμς πέθανε στην οικία Λίντζι αλλά η Μπέτσυ πέθανε στη Χαλέπα, όπου την φρόντιζε η Τζέσυ. Μερικά χρόνια αργότερα, το 1905, δεν έρχονται πια γράμματα στο Μπριτζ Χάους, και από το 1906 και μετά τα γράμματα στέλνονται στη Σούδα. Είναι δύσκολο να ξέρουμε τι ακριβώς συνέβη εκείνο το διάστημα. Επέλεξαν να ζήσουν στο Μπριτζ Χάους στη Χαλέπα επειδή ήταν πιο κοντά στη Γαλλική Σχολή, στην οποία πήγαιναν η Εύα και η μικρή Νέλλη και επίσης πιο κοντά στο σχολείο του Τζιμ; Ξέρω ότι όταν ο Τζιμ πήγαινε σχολείο στα Χανιά έκανε τη διαδρομή με άλογο, αλλά επειδή δεν ήταν ιδιαίτερα μελετηρός, έφευγε από το σχολείο και πήγαινε μακρινές βόλτες με το άλογο. Τουλάχιστον έτσι λέγεται.

Κάποια στιγμή, η Τζέσυ με την οικογένεια της επέστρεψαν στην οικία Λίντζι στη Σούδα, όπου έζησαν μαζί με τη Μάγκυ. Η Τζέσυ συνέχισε να ζει εκεί μετά από το θάνατο της Μάγκυ το 1917 και αργότερα ήρθε να ζήσει μαζί μας στη Μπέλα Βίστα, έως το θάνατο της το 1935.

Τα τέλη του 19ου αιώνα και οι αρχές του 20ου ήταν μια πολύ κρίσιμη περίοδος στην Ιστορία της Κρήτης. Το 1898 ο πρίγκιπας Γεώργιος, αδερφός του μετέπειτα βασιλιά των Ελλήνων Κωνσταντίνου, διορίστηκε Ύπατος Αρμοστής της Κρήτης και αποβιβάστηκε στη Σούδα.

Οι Μεγάλες Δυνάμεις, Βρετανία, Γαλλία, Ιταλία, Αυστρία και Ρωσία, των οποίων ο ρόλος ήταν να εγγυηθούν την ειρηνική παράδοση της εξουσίας της Κρήτης από τους Τούρκους και που φυσικά πάντα αναλάμβαναν να λύνουν τα προβλήματα των άλλων, αποφάσισαν να διορίσουν τον Πρίγκιπα.

Ο πρίγκιπας Γεώργιος ήταν αδερφός της πριγκίπισσας της Ουαλίας που παντρεύτηκε τον «Μπέρτυ» και αργότερα στέφθηκε ως βασίλισσα Αλεξάνδρα. Ηταν η νύφη της

78

βασίλισσας Βικτωρίας. Ο πρίγκιπας Γεώργιος ήταν νέος και ωραίος και είμαι σίγουρη ότι ξεκίνησε με τις καλύτερες προθέσεις: οι Κρητικοί τον υποδέχτηκαν θερμά. Το πρώτο βήμα ήταν να αποτιναχθεί ο τουρκικός ζυγός και θα ακολουθούσε η ένωση με την Ελλάδα. Φυσικά δε συμφωνούσαν όλοι. Ξένες χώρες ανταγωνίζονταν μεταξύ τους για την κυριαρχία σε αυτό το κομμάτι της Μεσογείου και η Ελλάδα, με νωπές ακόμα τις μνήμες της τούρκικης κατοχής, είχε σαν προτεραιότητα τη διακυβέρνηση της κυρίως χώρας και δεν ενδιαφερόταν ιδιαίτερα για τα προβλήματα της Κρήτης. Πιστεύω ότι ο Πρίγκιπας ήθελε το καλό του νησιού και με τον ερχομό του το νησί έλαβε οικονομική ενίσχυση, η οποία ήταν απαραίτητη για τους κατοίκους που βρίσκονταν στα όρια της φτώχιας. Πολλά από τα μεγαλοπρεπή κτίρια τα οποία σώζονται ακόμα σήμερα στα Χανιά, που τότε ήταν πρωτεύουσα του νησιού, χτίστηκαν την περίοδο της Αρμοστείας.

Έχουμε επίσης την αφήγηση της Μάγκυ για την επίσκεψη της πριγκίπισσας της Ουαλίας στην οικία Λίντζι για να ευχαριστήσει τον Τζέιμς Λίντζι για τη βοήθεια που προσέφερε στους καταδιωκόμενους ανθρώπους της περιοχής του. Ωστόσο, ο πρίγκιπας Γεώργιος ήταν ξένος για τους Κρητικούς. Κατά βάθος οι Κρητικοί είναι επαναστάτες και η μακροχρόνια περίοδος υποταγής και καταστολής τους είχαν αναγκάσει να πολεμάνε συνεχώς για την ανεξαρτησία τους.

Πολλοί επαναστάτησαν εναντίον του Πρίγκιπα και εκείνη την εποχή άρχισε να ακούγεται το όνομα του νεαρού τότε, Ελευθέριου Βενιζέλου. Γεννημένος στο μικρό χωριό Μουρνιές, κοντά στα Χανιά, ο Βενιζέλος είχε σπουδάσει νομικά στην Αθήνα και είχε επιστρέψει στα Χανιά, με τα υψηλά ιδεώδη και την φιλελεύθερη φιλοσοφία της Δύσης. Οι πολιτικές του απόψεις ήταν ευρείες και μπορούσε να δει πιο πέρα από τους πολιτικούς, που διαφωνούσαν για τις «επιρροές» και τα «οφέλη». Με το σύνθημα «η Κρήτη ανήκει στην Ελλάδα» ηγήθηκε ενός κόμματος εναντίον του Πρίγκιπα, με αίτημα την ένωση της Κρήτης με την Ελλάδα. Το 1905 εγκατέστησε το αρχηγείο του στο Θέρισο, στα Λευκά Όρη, οι Μπορεί να μην έπεσε ούτε ένας πυροβολισμός, αλλά έδωσε το μήνυμα στον κόσμο ότι η Κρήτη ήθελε να γίνει μέρος της Ελλάδας και όχι ένα νησί με έναν ξένο Ύπατο Αρμοστή. Αυτό έγινε σαφές. Ξένοι ανταποκριτές συγκεντρώθηκαν στην Κρήτη και έφτασαν μέχρι το Θέρισο για να πάρουν συνέντευξη από το Βενιζέλο. Μεταξύ τους ήταν και μια γυναίκα δημοσιογράφος, η οποία φορούσε μεγάλο καπέλο, μακριά φούστα και πρακτικά εγγλέζικα δετά παπούτσια.

Υπάρχει μια ιστορία για το νεαρό τότε Γιώργο Ναξάκη, (τον πατέρα μου) στη διάρκεια της εξέγερσης του Θερίσου. Αφού τελείωσε το σχολείο στα Χανιά και μια Εμπορική Σχολή στην Αθήνα, πήγε στη Νάξο για να μάθει γαλλικά με τους φραγκισκανούς μοναχούς. Επιστρέφοντας στην Κρήτη, διαπίστωσε ότι η οικογένεια του είχε σχέσεις με τον Βενιζέλο και το αρχηγείο στο Θέρισο και ότι ήταν υπεύθυνοι για τα οικονομικά της εξέγερσης. Ο Βενιζέλος είχε ζητήσει να του σταλεί ένα χρηματικό ποσό για τις ανάγκες της ομάδας του. Η κυβέρνηση της Αθήνας είχε στείλει ένα απόσπασμα από χωροφύλακες να φυλάξουν το πέρασμα του Θερίσου και να διατηρήσουν την ειρήνη ανάμεσα στους επαναστάτες και τον Πρίγκιπα. Πώς θα περνούσαν το φυλάκιο ο πατέρας μου με τον αδερφό του; Τα αδέρφια κατέστρωσαν ένα σχέδιο και ξεκίνησαν καβάλα στα άλογα, ενώ ο πατέρας μου παρέστησε το Γάλλο δημοσιογράφο που πήγαινε επειγόντως να πάρει συνέντευξη από το Βενιζέλο. Όλα πήγαν καλά, ο πατέρας μου έκανε πρακτική στα γαλλικά του και ο Βενιζέλος έλαβε τα χρήματα.

Οι Κρητικοί συσπειρώθηκαν γύρω από το Βενιζέλο και ο άπειρος και μάλλον αυταρχικός Πρίγκιπας έχασε σε δημοτικότητα. Τελικά ο Πρίγκιπας αναγκάστηκε να εγκαταλείψει κρυφά το νησί το 1906. Στο μεταξύ, ο Βενιζέλος, η σημαντικότερη μορφή στη σύγχρονη Ελληνική Ιστορία (1864-1935) εξελέγη βουλευτής και εν συνεχεία έγινε Πρωθυπουργός της χώρας. Τα πολιτικά είναι αγαπημένο θέμα συζήτησης των Ελλήνων. Ακόμα και στο καφενείο του πιο απομακρυσμένου χωριού όλοι είναι ενημερωμένοι για την παγκόσμια πολιτική κατάσταση. Πριν και μετά από τον Πρώτο Παγκόσμιο Πόλεμο, υπήρχε μεγάλη ένταση ανάμεσα στους βασιλικούς και τους βενιζελικούς. Σε κάποια περίοδο οι βασιλικοί σε όλη την Επικράτεια πήραν εντολή να ρίξουν μια πέτρα στην πλατεία του χωριού εναντίον του Βενιζέλου. Υποθέτω ότι λειτούργησε σαν δημοψήφισμα και ονομάστηκε «ανάθεμα». Τότε πήγε στην Τρίπολη, από ένα μικρό χωριό της Αρκαδίας, ο άντρας μου ο Αριστείδης, για να προσθέσει και την δική του πέτρα στο σωρό που ολοένα μεγάλωνε. Αργότερα είπε ότι ήταν η πράξη για την οποία ντρεπόταν περισσότερο στη ζωή του.

Η οικογένεια Κουργιεράκη ήταν ένθερμοι βενιζελικοί. Μερικοί από τους συγγενείς μου πιστεύουν ότι ο Τζιμ στάλθηκε στους Σκωτσέζους συγγενείς στο Ντάντι όταν ήταν μόλις δεκατεσσάρων χρονών, ώστε να βρεθεί σε ένα πιο ασφαλές περιβάλλον. Ίσως αυτός να είναι ο λόγος. Γιατί κανένας κρητικός πατέρας δεν θα άφηνε το γιο του να φύγει από το νησί, αν δεν υπήρχε πολύ σοβαρή αιτία, το χέρι της μοίρας όμως πάντα κατευθύνει τη ζωή μας. Ο θείος Τζιμ δημιούργησε οικογένεια και έζησε μακριά από την Κρήτη. Επισκέφτηκε τον τόπο όπου είχε γεννηθεί μόνο μια φορά λίγο πριν από τον Δεύτερο Παγκόσμιο Πόλεμο το 1940.

Η Κρήτη είναι ένα νησί για το οποίο δεν μπορείς να μιλήσεις επιφανειακά. Ο χαρακτήρας των κατοίκων, η Ιστορία, ο πολιτισμός και το περιβάλλον είναι τόσο μοναδικά. Αυτό ακριβώς δεν είναι που συνδέει τόσο στενά τη Σκωτία με την Κρήτη.

Κεφάλαιο 9

Ένα νέο μέλος της οικογένειας-
Το τελευταίο κεφάλαιο

*B*ρισκόμαστε πλέον στο 1906. Η γιαγιά μου με την οικογένεια της ζουν ξανά στην οικία Λίντζι. Η Τζέσυ είναι γύρω στα πενήντα και ο παππούς μου λίγο νεότερος, η Νέλλη δεκατεσσάρων και ο Τζιμ δώδεκα χρονών. Προσπαθώ να φανταστώ την οικογένεια στην οικία Λίντζι εκείνο τον καιρό. Τα τέσσερα υπνοδωμάτια στον επάνω όροφο είναι της Μάγκυ, της γιαγιάς και του παππού, της Εύας, της Νέλλης και του Τζιμ. Ίσως πάλι η Μάγκυ εξαιτίας της αναπηρίας στο πόδι της να ήταν πιο άνετα στον κάτω όροφο, όπου υπήρχαν τρία δωμάτια, ένα μπάνιο, μια αποθήκη και μια μεγάλη κουζίνα. Πόσο οικείος μου είναι αυτός ο χώρος!

Η Εύα ήταν είκοσι δύο χρονών και ετοιμαζόταν να φύγει για τη Σκωτία. Ο Τζέιμς Λίντζι είχε δηλώσει σαφώς στη διαθήκη του ότι αν η Τζέσυ παντρευόταν θα έχανε κάθε δικαίωμα στην κληρονομιά. Είχε παντρευτεί ευτυχώς, αλλιώς δεν θα υπήρχα εγώ. Έτσι η Εύα πήγε στη Σκωτία, έχοντας κληρονομήσει μια αξιοσέβαστη περιουσία, γιατί όλα τα ακίνητα του Ντάντι είχαν περιέλθει σε εκείνη. Η περιουσία στη Σούδα ανήκε όλη στην Μπέτσυ, τη γυναίκα του Τζέιμς. Μετά το θάνατο της Μπέτσυ, λίγο μετά από του Τζέιμς, ήρθε στα χέρια της Μάγκυ της ανιψιάς τους. Η γιαγιά και η Μάγκυ ήταν σαν αδερφές και στην οικία Λίντζι ακούγονταν ξανά παιδικές φωνούλες. Τα τρία παιδιά πήγαιναν στο δημοτικό σχολείο, ενώ η Εύα και η Νέλλη πήγαν στη Γαλλική Σχολή. Όσο για τον παππού μου ήταν ένθερμος βενιζελικός, φανατικά αντίθετος με τους βασιλικούς, αλλά καλός οικογενειάρχης και πατέρας. Μακάρι να τον είχα γνωρίσει περισσότερο. Εκείνο τον καιρό η γιαγιά μου έδινε προτεραιότητα στη θρησκεία. Η μικρή κοινότητα ευαγγελικών στα Χανιά πήγαινε καλά. Η κυρία Γουάτσον, η ιεραπόστολος, είχε έρθει στα Χανιά. Έφυγε το 1910, οπότε υποθέτω ότι είχε ζήσει εκεί αρκετό καιρό μαζί με την οικογένεια στην οικία Λίντζι.

Παρόλο που η οικία Λίντζι ήταν μεγάλο σπίτι, με χώρο για όλους, υπήρχαν ξεχωριστές «φατρίες». Η κυρία Γουάτσον, η γιαγιά μου και η Μάγκυ ασχολούνταν με τη σωτηρία της ψυχής των Κρητικών με συναντήσεις προσευχής και ύμνους. Ο Γιώργος Κουργιεράκης από την άλλη πλευρά, ζώντας στο ίδιο σπίτι, υποστήριζε τις πολιτικές απόψεις του κόμματος του και ενδιαφερόταν για τα τοπικά ζητήματα, καθώς είχε διοριστεί δήμαρχος Σούδας και Ακρωτηρίου, δεν ξέρω όμως ακριβώς τη χρονολογία.

Η Σούδα εκείνο τον καιρό ήταν γεμάτη έλη τα οποία έβριθαν από κουνούπια που μετέφεραν την ελονοσία. Όταν ήταν δήμαρχος ο παππούς μου, φύτεψε ευκαλύπτους για να απορροφήσουν την υγρασία του εδάφους, μειώνοντας έτσι τα κουνούπια στην περιοχή. Ωστόσο, πολλά χρόνια αργότερα, όταν ήρθαμε από το Μάντσεστερ το 1922 και μέναμε με τη γιαγιά μου στη Σούδα, αρρώστησα με ελονοσία και με πήγαν στο Κολυμπάρι, για να αλλάξω αέρα και να αναρρώσω. Μου έδωσαν κινίνο, όχι τα σημερινά ζαχαρόπηκτα χάπια, αλλά μια πικρή σκόνη που έπρεπε να καταπιώ. Ακόμα και τώρα μετά από τόσα χρόνια νιώθω οίκτο για τον εαυτό μου!

Όταν ήμουν παιδί αφομοίωνα όλα όσα άκουγα γύρω μου, μερικές φορές ακόμα και όταν δεν έπρεπε και είχα σχηματίσει την δική μου εικόνα για τη ζωή των παππούδων μου. Δεν θυμάμαι καλά τον παππού μου, αλλά θυμάμαι ιδιαίτερα μια Κυριακή που επισκεφτήκαμε την οικία Λίντζι μαζί με την αδερφή μου την Κρυστάλη και μας οδήγησαν σε ένα δωμάτιο όπου ήταν καθισμένος ο παππούς σε μια πολυθρόνα. Πλησιάσαμε και η μητέρα μου μας είπε να του φιλήσουμε το χέρι. Είχε χάσει μισό δάχτυλο σε ένα ατύχημα με τα γκέμια του αλόγου. Τότε η γιαγιά μου τον είχε μεταφέρει επειγόντως στο νοσοκομειακό πλοίο του βρετανικού ναυτικού στη Σούδα, όπου του ακρωτηρίασαν το δάχτυλο. Αυτή είναι η μόνη φορά που θυμάμαι να τον είδα.

Το 1908 η Εύα και ο Τζιμ είχαν φύγει για τη Σκωτία. Ταξιδεύοντας μαζί με την Εύα, η Μάγκυ επισκέφτηκε για μοναδική φορά την πατρίδα της μετά από τόσα χρόνια. Ο Τζιμ ταξίδεψε μόνος, υπό την προστασία ενός ζευγαριού από την Ουαλία, που τον συμπάθησαν τόσο πολύ ώστε ήθελαν να τον υιοθετήσουν. Η Νέλλη έμεινε στην Κρήτη, μαζί με τη μητέρα της και κάτω από την επιρροή της κυρίας Γουάτσον, που της έμαθε τα βασικά της αγγλικής γλώσσας.

Το 1910 συνέβη άλλο ένα γεγονός στο σπιτικό των Λίντζι. Μια μέρα ο παππούς μου γύρισε σπίτι κρατώντας στα χέρια του ένα νεογέννητο αγοράκι. Στο ζιπουνάκι του ήταν καρφιτσωμένο ένα σημείωμα με την φράση: «το όνομα μου είναι Αναστάσης». Το 1928, η γιαγιά μου έγραψε το παρακάτω κείμενο σχετικά με τον «Άρτσιμπαλντ Λίντζι Κούριερ»:

Βρέθηκε σε ένα χωράφι δίπλα στο δρόμο στη Σούδα στις 28 Απριλίου 1910, άπλυτος, λίγες ώρες μετά από τη γέννηση του. Ήρθε στα χέρια μου την ίδια μέρα και τον ανέθρεψα σαν δικό μου παιδί μέχρι την ηλικία των έντεκα χρονών, όταν πήγε στη Σκωτία στο Ίδρυμα Κουάριερ, όπου έμεινε για πάνω από τρία χρόνια. Δεν μαθεύτηκε ποτέ ποιοι ήταν οι γονείς του, ούτε η καταγωγή του, παρόλο που έγιναν πολλές έρευνες. Βρέθηκε την εποχή που στάθμευε στη Σούδα ο διεθνής στόλος, που παρέμεινε εκεί για πολλά χρόνια.

Ο Άρτσι δεν έφερε ιδιαίτερη χαρά στο σπιτικό των Λίντζι. Ήταν ένα παράξενο και πολύ άτακτο αγόρι. Η Νέλλη τον πήγαινε τρεις φορές την ημέρα σε μια παραμάνα για να τον θηλάσει, περνώντας από τους πίσω δρόμους της Σούδας. Μερικοί σφύριζαν και έλεγαν: «είναι δικό σου το παιδί». Αυτό ήταν αρκετό για να τον αντιπαθήσει οποιαδήποτε νέα κοπέλα. Μεγαλώνοντας ο Άρτσι έγινε ανυπάκουος και ατίθασος. Μια μέρα έπαιζε με ένα κουτί σπίρτα και έβαλε φωτιά στο πουκάμισο του. Η γιαγιά μου τον πήγε επειγόντως στο πλωτό βρετανικό νοσοκομείο, όπου του έκαναν μεταμόσχευση δέρματος, παίρνοντας δέρμα από την ίδια. Εκείνο το τραύμα του έδωσε δύναμη. Όταν ήθελε να γίνει το δικό του έξυνε την πληγή ώσπου να ματώσει. Η γιαγιά μου αγαπούσε το παιδί και τον θυμάμαι καλά. Τον θαύμαζα επειδή ήταν άτακτος. Ήταν μαζί μου στο Κολυμπάρι όταν ανάρρωνα από την ελονοσία. Είχαμε μια σκηνή στην παραλία και ο Άρτσι σκαρφάλωνε στην κορυφή και έκανε τσουλήθρα. Εγώ το έβρισκα πολύ έξυπνο και αξιοθαύμαστο, αλλά ο πατέρας μου του τις έβρεξε.

Αργότερα, η γιαγιά μου πήγε τον Άρτσι σε ένα ορφανοτροφείο στη Σκωτία. Αλλά κι εκεί συνέχισε να δημιουργεί προβλήματα και δραπέτευσε αρκετές φορές. Τελικά βρήκε καταφύγιο κοντά στην Λίλιαν Λίντζι (τη δεύτερη σύζυγο του προπάππου μου Ουίλιαμ) η οποία τον φιλοξένησε και τον βοήθησε να αλλάξει το όνομα του από Κούριερ σε Λίντζι. Στη συνέχεια μετανάστευσε στην Αυστραλία. Η γιαγιά μου περίμενε τα γράμματα του με αγωνία. Ξέρουμε ότι παντρεύτηκε κάποια Τζουν, της οποίας έστειλε και φωτογραφία, την οποία θυμάμαι καλά. Ξέρουμε επίσης ότι είχε δεξιοτεχνία στην ξυλουργική και είχε στείλει στη γιαγιά μου ένα μικροσκοπικό τραπεζάκι και μια καρεκλίτσα για κουκλόσπιτο. Πριν πεθάνει η γιαγιά μου ζήτησε από τον πατέρα μου να στείλει στον Άρτσι ένα χρηματικό ποσό. Εκείνος έγραψε επιβεβαιώνοντας ότι το έλαβε και δεν ξανακούσαμε τίποτα για αυτόν. Κάπου στην Αυστραλία υπάρχει ακόμα η οικογένεια του. Τι να ξέρουν άραγε για τη Σούδα και την οικία Λίντζι;

Η Νέλλη έχει γίνει πλέον μια όμορφη κοπέλα, ψηλή, λεπτή, με πυκνά καστανά μαλλιά που χτένιζε σε πλεξούδα, την οποία ο αδελφός της ο Τζιμ τραβούσε για να την πειράξει. Ήταν πολύ συνδεδεμένοι και η Νέλλη πρέπει να υπέφερε όταν ο Τζιμ έφυγε για τη Σκωτία. Εκείνη έκανε μαθήματα αγγλικών με την κυρία Γουάτσον, γαλλικά και πιάνο στη Γαλλική Σχολή στη Χαλέπα, έπαιζε τέννις, διάβαζε και κεντούσε, επίσης είχε πολλούς θαυμαστές. Η μητέρα της ήθελε να ντύνεται πάντα στα λευκά, που τόνιζαν τα σκούρα μαλλιά και τα γαλανά μάτια της. Ωστόσο, από ότι έχω ακούσει, οι σχέσεις της με τον πατέρα της ήταν δύσκολες.

Εκείνο τον καιρό επέστρεψε στην Κρήτη ένας νέος άντρας, ο Γιώργος Ναξάκης, που είχε πάει στο Μάντσεστερ όπου εργάστηκε στην επιχείρηση υφαντουργίας της οικογένειας Ρακτιβάν. Ο πατέρας του (ο παππούς μου) ήταν έμπορος υφασμάτων στα Χανιά, και πέθανε σχετικά νέος αφήνοντας τα παιδιά του να συνεχίσουν τη δουλειά, εισάγοντας κάμποτ και λινό από το Μάντσεστερ. Ο Γιώργος σπούδασε στην Αθήνα και τη Νάξο, όπου έμαθε Γαλλικά. Ο μεγαλύτερος αδερφός του σχεδίαζε να επεκτείνει την επιχείρηση και διαφώνησε κάθετα με την ιδέα του Γιώργου να εργαστεί με την οικογένεια Ρακτιβάν στο Μάντσεστερ, από όπου θα προμήθευε το κατάστημα στα Χανιά με εμπόρευμα δικής του επιλογής. Ο Γιώργος αναχώρησε από τα Χανιά χωρίς τη συγκατάθεση του αδερφού του, αλλά τελικά η παρουσία του στο Μάντσεστερ ωφέλησε την οικογενειακή επιχείρηση.

Ο Γιώργος ήθελε βασικά να ανοίξει τα φτερά του και να ζήσει μια διαφορετική ευρωπαϊκή κουλτούρα, όπου θα μπορούσε να έχει πρόσβαση στη λογοτεχνία και τη μουσική, για την οποία φημιζόταν το Μάντσεστερ, με την ορχήστρα Χάλλε και τόσα άλλα. Υπήρχε μια μεγάλη ελληνική κοινότητα στο Μάντσεστερ και με την οικογένεια Ρακτιβάν είχε άριστες σχέσεις. Την ημέρα ο Γιώργος εργαζόταν και έστελνε τόπια με ύφασμα στα Χανιά, ενώ το βράδυ παρακολουθούσε μαθήματα αγγλικών και γινόταν ένας πραγματικός κοσμοπολίτης.

Στην Ευρώπη υπήρχαν αναταραχές και η Ελλάδα ενεπλάκη στους Βαλκανικούς πολέμους. Ο νεαρός τότε Γιώργος Ναξάκης είχε ήδη μείνει έξι χρόνια στο Μάντσεστερ και μαζί με άλλους Έλληνες, ξεχειλίζοντας από πατριωτικά αισθήματα, έγραψαν στο Βενιζέλο, τον Πρωθυπουργό της Ελλάδας, προσφέροντας τις υπηρεσίες τους στον ελληνικό στρατό. Ο Βενιζέλος τους καλωσόρισε στην Αθήνα αλλά τοποθέτησε τον Γιώργο σε θέση γραφείου. Αυτό δεν ήταν αρκετό για το νεαρό Κρητικό και τελικά κατάφερε να μετατεθεί στην εμπόλεμη ζώνη της Βόρειας Ελλάδας. Εκεί τραυματίστηκε στο πόδι και έμεινε λίγο καιρό στο νοσοκομείο, από όπου τον έστειλαν πίσω στο οικογενειακό του σπίτι για να αναρρώσει.

Μια ηλιόλουστη μέρα με ελαφρό αεράκι ο Γιώργος Ναξάκης με ένα φίλο του πήγαιναν με τα άλογα τους στο δρόμο με τους ευκάλυπτους προς τη Σούδα, όταν εμφανίστηκε μπροστά τους μια οπτασία· η δεκαοκτάχρονη τότε Νέλλη, ντυμένη στα λευκά, με τα μαλλιά της λυτά να φτάνουν μέχρι τη μέση. Μαζί με την φίλη της, την Ματίλδη, κουβαλούσαν ένα χαρταετό. Ο Γιώργος χαιρέτησε βγάζοντας το καπέλο του, αλλά η Νέλλη γύρισε από την άλλη μεριά. Όταν προσπέρασαν, ο Γιώργος είπε στο φίλο του «αυτή η πανέμορφη κοπέλα θα γίνει γυναίκα μου», Την επόμενη μέρα έκοψε ένα τριαντάφυλλο από τον κήπο της μητέρας του και ξεκίνησε να κάνει την ίδια διαδρομή. Καθώς πλησίαζε τις κοπέλες, έβγαλε ξανά το καπέλο του, έριξε το τριαντάφυλλο στα πόδια της και προχώρησε. Γυρίζοντας είδε το τριαντάφυλλο στο ίδιο σημείο, γεγονός που τον έκανε να διεκδικήσει με ακόμα περισσότερη επιμονή την εκλεκτή της καρδιάς του. Αφού έμαθε τα απαραίτητα, έγραψε μια επιστολή στην γιαγιά μου, ζητώντας μια συνάντηση με τη Νέλλη. Όταν κανονίστηκε η μέρα, ξεκίνησε για την οικία Λίντζι, λέγοντας στη μητέρα του ότι πήγαινε να βρει σύζυγο. «Με τις ευλογίες μου» απάντησε εκείνη.

Ωστόσο στην πρώτη του επίσκεψη στην οικία Λίντζι κυριάρχησε η παρουσία της Τζέσυ, η οποία ενθουσιάστηκε που συναντούσε έναν αγγλομαθή. Ο Γιώργος έπιασε την κουβέντα στα αγγλικά με την Τζέσυ, μιλώντας για τις εμπειρίες του στο Μάντσεστερ, ενώ η Νέλλη προσέφερε το παραδοσιακό κέρασμα με γλυκό του κουταλιού και δροσερό νερό, χωρίς όμως να γίνουν οι συστάσεις. Αυτό όμως δεν τους εμπόδισε. Οι δυο τους είχαν ανταλλάξει ματιές και η Τζέσυ έδωσε στο Γιώργο ένα αντίτυπο της Καινής Διαθήκης στα αγγλικά, πριν φύγει.

Ακολούθησαν πολλές επισκέψεις. Οι δυο νέοι περνούσαν πολλές ώρες μαζί. Η Νέλλη έβαζε στην τσέπη της έναν κύβο ζάχαρη για το άλογο του Γιώργου και πήγαιναν βόλτα με τα πόδια ή με την άμαξα. Έχω μια υπέροχη φωτογραφία με τους δυο τους στην άμαξα στον δρόμο προς τη Σούδα.

Οι Βαλκανικοί Πόλεμοι είχαν τελειώσει. Ο Γιώργος Ναξάκης παρασημοφορήθηκε και ετοιμαζόταν να επιστρέψει στη δική του πλέον επιχείρηση στο Μάντσεστερ. Προτού φύγει κανονίστηκε η ημερομηνία του γάμου. Σε ένα χρόνο θα επέστρεφε για να παντρευτεί τη Νέλλη. Θυμάμαι στη Μπέλα Βίστα ένα πακέτο με γράμματα, δεμένα με γαλάζια κορδέλα. Μετά από χρόνια η μητέρα μου είπε ότι τα είχε καταστρέψει. Όταν πέθανε βρήκαμε το πακέτο, δεμένο ακόμα με την ξεθωριασμένη γαλάζια κορδέλα, αλλά υπήρχαν μόνο οι φάκελοι.

Άρχισε η προετοιμασία της προίκας. Τα σεντόνια και οι μαξιλαροθήκες, τα νυχτικά και τα τραπεζομάντηλα, με άσπρο κέντημα και δαντέλες, έγιναν από Ιρλανδέζικο λινό από το κατάστημα των Ναξάκηδων στα Χανιά. Όλοι νόμιζαν ότι είχαν ένα χρόνο μπροστά τους για να ετοιμάσουν την προίκα, αλλά μετά από έξι μήνες ο πατέρας μου έγραψε λέγοντας ότι θα επέστρεφε νωρίτερα: ένας χρόνος ήταν μεγάλο διάστημα για να ζήσουν μακριά ο ένας από τον άλλο. Τώρα όλα έπρεπε να γίνουν βιαστικά. Η μητέρα μου άρπαξε ένα κομμάτι μισοραμμένο λινό από τα χέρια της Ματίλδης, που έμεινε ημιτελές. Ο γάμος έγινε στην οικία Λίντζι. Έχω ένα τετράγωνο κομμάτι ταφτά σε απαλό γαλάζιο, με το γράμμα Ε, το αρχικό του ονόματος της μητέρας μου, Ελένη, ζωγραφισμένο σε χρυσό στη γωνία, μια μπομπονιέρα για τα κουφέτα, και μια φωτογραφία που τραβήχτηκε λίγο μετά το γάμο, με την Μάγκυ, τον Άρτσι, την Ματίλδη και τις δυο γιαγιάδες μου. Λείπουν η Εύα και ο Τζιμ. Είναι μια υπέροχη φωτογραφία: η μητέρα μου κοντά στον πατέρα μου, ενώ κρατάει σφιχτά τη μύτη του παπουτσιού της.

Το νιόπαντρο ζευγάρι πήγε στο Μάντσεστερ, όπου πέρασαν την πρώτη νύχτα σε ένα ξενοδοχείο και την άλλη μέρα ο Γιώργος είπε στη Νέλλη ότι είχε τα κλειδιά ενός σπιτιού και ότι αν έπαιρνε σκούπα και φαράσι μπορούσε να αρχίσει να το καθαρίζει. Πήγαν μέχρι το Στόνεϋ Γκέιτ, στο πάρκο Μπρότον και ο Γιώργος άνοιξε την πόρτα.

Μπήκαν μαζί σε ένα καλαίσθητα επιπλωμένο σπίτι, με πιάνο από ροδόξυλο, πίνακες με έργα των προραφαηλιτών στους τοίχους, όλα διαλεγμένα με το αλάνθαστο γούστο του πατέρα μου. Η μητέρα μου έμαθε από τα πρώτα χρόνια του γάμου της ότι στον άντρα της άρεσαν οι φάρσες, αλλά ήταν ένας ζεστός, στοργικός σύζυγος, που τη σεβόταν και την αγαπούσε, προσφέροντας της ασφάλεια για την υπόλοιπη ζωή της.

Όλοι ξέρουμε ότι η ζωή δεν είναι στρωμένη με ροδοπέταλα. Εγώ εκ φύσεως κοιτάζω πάντα τη θετική πλευρά των πραγμάτων. Τώρα που είμαι ηλικιωμένη, δε θέλω τίποτα να χαλάσει τις τρυφερές αναμνήσεις των ανθρώπων στις σέπια φωτογραφίες και τη σφραγίδα της ζωής και της αγάπης που τους ξεχωρίζει για μένα τώρα.

Η εύνοια της τύχης-
Σάιμον Πράιορ

Εγώ, ο Σάιμον Πράιορ, βρέθηκα για πρώτη φορά στην Κρήτη στις 20 Απριλίου 2007. Μετά από τη σύντομη διαδρομή με ταξί από το αεροδρόμιο των Χανίων, περπατούσα στα σοκάκια της παλιάς πόλης τις πρωινές ώρες, προτού ξυπνήσουν ακόμα οι τουρίστες. Συναισθηματικο ο αντίκτυπος της διαδρομής μέχρι την πόλη και ο περίπατος στην παλιά πόλη, για την οποία δεν ήξερα τίποτα, ήταν τεράστιος. Προτού συναντήσω την Μαρί Καρυώτη, προτού μάθω τίποτα για αυτόν τον τόπο όπου βρισκόμουν τώρα, αισθάνθηκα έντονα ότι ανήκα εδώ. Έστειλα ένα σύντομο sms στη γυναίκα μου Τζούντιθ Κουκ: «έφτασα, βρίσκομαι στον Παράδεισο».

Ξεκίνησα με την σε συνεχή εξέλιξη ιστορία των Λίντζι από το Ντάντι και τις οικογένειες που σχετίζονται μαζί τους (οι οποίες περιλαμβάνουν τώρα τους Κουκ-Πράιορ από το Μπρούνσγουικ της Αυστραλίας), τον τόπο, τη ζωή και τον ρόλο τους στην Κρήτη, καθώς και τη φύση και την Ιστορία του περιβάλλοντος. Τελείωσα το πρώτο μέρος της εργασίας μου, αλλά η ιστορία δεν θα ολοκληρωθεί ποτέ γιατί είναι υπερβολικά πλούσια, υπερβολικά πυκνή όπως θα έλεγε ο Κλίφορντ Γκετζ, ώστε να μπορέσω να την κατανοήσω απόλυτα εγώ και η άμεση οικογένειά μου.

Είχαν συμβεί πολλά πριν επισκεφτώ τη Μαρί Καρυώτη εκείνο τον Απρίλιο 2007. Μια ιστορία ενός υιοθετημένου παιδιού, εμένα, που έψαχνε τη μητέρα του και βρήκε τυχαία τη Νάνσυ Λίντζι Πέιν αλλά και μια μεγάλη οικογένεια που τον καλωσόρισε. Η ιστορία περιλαμβάνει την ανακάλυψη μιας πνευματικής κληρονομιάς και τη εξερεύνηση των δυνατοτήτων αυτής της νέας κληρονομιάς από το Νταντί. Ήταν ένα μάθημα υπομονής και κατανόησης το απόλυτα αναμενόμενο γεγονός ότι τα μέλη μιας οικογένειας που συνδεόταν με τον Ιρλανδό/Αυστραλό πατέρα μου δεν θα ήταν πρόθυμοι ακόμα να εξερευνήσουν τη σημασία της αλλαγής που έφερε στην ιστορία της οικογένειας τους μια σχέση σε ένα πλοίο από τη Νάπολη στο Σαουθάμπτον το 1954. Ήταν η διήγησή μου που τόνισε την επίδραση της υιοθεσίας ενός νεογέννητου μωρού στις ζωές τόσων πολλών ανθρώπων. Ήταν μια ιστορία στην οποία η υιοθεσία κυριαρχούσε σαν θέμα, με την φυσική γιαγιά μου Ευανθία Θεμάκη που γεννήθηκε στα Τσικαλαριά της Κρήτης να υιοθετείται ως Εύα Λίντζι. Το σημαντικότερο όμως είναι μια ιστορία καλωσορίσματος.

Έτσι συναντήθηκαν τα κρητικά ξαδέρφια: η Μαρί Καρυώτη και ο Σάιμον Πράιορ. «Α, κάθισε» είπε μια γνήσια κρητικιά γυναίκα στον αυστραλό συγγενή της με μια γλυκιά σκωτσέζικη προφορά. Γέλασα από χαρά με το αναπάντεχο, αλλά εκ των υστέρων προφανές γεγονός ότι η καταγωγή της Μαρί Καρυώτη από την οικογένεια Λίντζι σήμαινε ότι θα είχε μάθει να μιλάει αγγλικά με σκωτσέζικη προφορά.

Από εκείνη την ημέρα, επί τέσσερα χρόνια, περάσαμε πολλές μέρες μαζί βιώνοντας το υπέροχο περιβάλλον της Κρήτης, το φαγητό, το κρασί, τις δεσιές, την Ιστορία και φυσικά τις ιστορίες και τους φίλους. Αυτή η σχέση με επηρέασε βαθιά στην ζωτική σύνδεση που ένιωσα με την Κρήτη και η εξέλιξη της θα προσφέρει πολλά στις κόρες μου και τις οικογένειες τους, καθώς θα ανακαλύπτουν τον προσωπικό τους σύνδεσμο με τον τόπο των προγόνων τους.

Ένας πολύ σημαντικός σύνδεσμος μεταξύ της Κρήτης, της

Σκωτίας, της Νέας Ζηλανδίας και της Αυστραλίας συνέβη το 2009, όταν την Κυριακή 14 Ιουνίου, έφυγε από τη ζωή η μητέρα μου Εύα Μάργκαρετ Νάνσυ Πέιν ενώ εγώ με την Τζούντι και την Καθλίν βρισκόμασταν στην Κρήτη όπου είχαμε πάει για να επισκεφτούμε τη Μαρι.

Η κηδεία της Νάνσυ Πέιν έγινε από το Σύλλογο Επαναπατρισμένων Υπηρεσιών των βετεράνων στρατιωτών, γιατί τώρα είναι εκείνη ένας πεσών στρατιώτης. Οι δεσμοί τους με την Κρήτη ήταν εκπληκτικοί, ο ρόλος του Συντάγματος των Μαορί στην Κρήτη στη διάρκεια του Β' Παγκόσμιου Πολέμου είναι θρύλος και στις δυο χώρες. Συγκινήθηκαν από την προσωπική ιστορία της Νάνσυ και τα κοινά σημεία που υπήρχαν με τόσους από τους πεσόντες συναδέλφους τους. Οι γιοι της Νάνσυ Πέιν, ο Τζον και ο Τεντ, κατάλαβαν καλύτερα όλα όσα η κρητική κληρονομιά της μητέρας τους είχε προσφέρει από ό,τι ήξεραν και θυμόντουσαν από τη ζωή τους μαζί της στην Αφρική και στη Νέα Ζηλανδία. Σε τέτοιο βαθμό, που συμφώνησαν αμέσως με την επιθυμία της Νάνσι Πέιν η τέφρα της, όπως και της μητέρας της, Εύας Λίντζι (Θεμάκη) το 1954, να σκορπιστεί στο λιμάνι της Σούδας.

Όσα περισσότερα μάθαινα για τους Λίντζι της Κρήτης, τόσο πιο κοντά ένιωθα με τα 'κρητικά ξαδέρφια' μου. Η Μαρί μου έμαθε πολλά για την Ιστορία και το περιβάλλον του νησιού και έτσι αυξανόταν η πεποίθηση μου ότι από εδώ «κρατούσε η σκούφια μου».

Δεν ήμουν πλέον ένας άνθρωπος που αναζητούσε ένα παρελθόν για να δώσει νόημα σε μια κατά τα άλλα ασήμαντη ζωή. Καταγόμουν από την Κρήτη και μπορούσα να χαλαρώσω και να αφήσω τα υπόλοιπα να κυλήσουν από αυτήν την αλήθεια. Ήταν σαν η δική μου 'αραιή' ανθρώπινη δομή, ο τρόπος που έβλεπα τα χρώματα, μύριζα τις ευωδιές, άκουγα τους ήχους, κατανοούσα το χιούμορ, ένιωθα τον καιρό στο δέρμα μου, να αποκτούσαν περισσότερο νόημα τώρα που

93

ήταν ξεκάθαρο ότι όλα αυτά είχαν γεννηθεί από την «πυκνή πολιτιστική και γενετική σούπα της Κρήτης».

Σάιμον Πράιορ
21/5/2010

Η αφήγηση της Μάριον

*Εγγονής της Τζέσσυ Κούριερ για τον πατέρα
της Τζορτζ Τζέιμς Λίντζι Κούριερ και αδερφό
της Νέλλης, γνωστού ως Τζιμ.*

Ὁ πατέρας μου, Τζορτζ Τζέιμς Λίντζι Κούριερ γεννήθηκε
στις 14 Αυγούστου 1894. Έζησε ευτυχισμένα παιδικά χρόνια,
μεγαλώνοντας με την αδερφή του τη Νέλλη, τη μητέρα του,
τη Τζέσυ, τη θεία Μάγκυ και την Εύα. Ωστόσο δεν ανέφερε
ποτέ την Εύα όταν μας διηγιόταν ιστορίες από τα παιδικά
του χρόνια στα Χανιά. Νομίζω ότι ήταν αρκετά μεγαλύτερη
από εκείνον και μάλλον δεν καταλάβαινε τη σχέση, ίσως να
ήταν κόρη του θείου Τζέιμς Λίντζι, αλλά κανείς δεν το ξέρει
με βεβαιότητα. Ο πατέρας του Τζιμ φαίνεται ότι δεν κατείχε
κεντρικό ρόλο στη ζωή του, αλλά τον θυμάμαι να λέει μετά
από χρόνια ότι ο πατέρας του ήταν παρεξηγημένος, ίσως
εξαιτίας των πολιτιστικών διαφορών.

Ο πατέρας μου είχε το δικό του άλογο, μια βάρκα, πολλά
παιχνίδια και πολλά κρητικά ξαδέρφια με τα οποία έπαιζε.
Έζησε μια ευτυχισμένη, ανέμελη ζωή ως παιδί. Έκανε συχνά
κοπάνα από το σχολείο των παπάδων όπου πήγαινε και
φαντάζομαι ότι ήταν αρκετά απειθάρχητος, μεγαλώνοντας
σε ένα σπίτι γεμάτο γυναίκες και με τον πατέρα του να λείπει
συχνά.

Ο προ-θείος του, ο Τζέιμς Λίντζι, συγχώρεσε την Τζέσυ

και αφότου οι Τούρκοι εγκατέλειψαν την Κρήτη οι σχέσεις τους ήταν ήρεμες, τουλάχιστον για την άμεση οικογένεια. Ωστόσο η κατάσταση άλλαξε το 1905, τουλάχιστον για τον Τζιμ. Μάζεψε και φύλαξε όλα τα παιχνίδια του σε μεγάλες ξύλινες κούτες, πιστεύοντας προφανώς ότι θα γύριζε μετά από λίγο καιρό και η ζωή θα συνεχιζόταν όπως πριν με τους γονείς και την αδερφή του.

Ξεκίνησε για τη Σκωτία με το καράβι, ένα ταξίδι που διήρκεσε επτά με δέκα μέρες, υπό το άγρυπνο βλέμμα μιας Ουαλικής οικογένειας. Νοσταλγούσε πολύ το σπίτι του και ανησυχούσε που θα πήγαινε να ζήσει με ανθρώπους τους οποίους σχεδόν δεν γνώριζε και δεν είχε συναντήσει ποτέ. Ίσως να τον έστειλαν στη Σκωτία εξαιτίας κάποιας βεντέτας, καθώς ο πατέρας του ήταν Βενιζελικός και εκείνη η εποχή στην Κρήτη ήταν ταραγμένη. Οι Κρητικοί ήταν γνωστοί ως μάλλον άγριοι βουνίσιοι άνθρωποι.

Όπως είπα παραπάνω, στο πλοίο ο Τζιμ κέρδισε τη συμπάθεια ενός συμπαθητικού ζεύγους Ουαλών, που έκαναν ότι μπορούσαν για να τον παρηγορήσουν. Τον αγάπησαν πολύ και προσφέρθηκαν να γράψουν στη μητέρα του και να τον υιοθετήσουν. Φυσικά η πρόταση τους απορρίφθηκε. Ο μόνος άνθρωπος που γνώριζε ο Τζιμ όταν έφτασε στο Ντάντι ήταν η Εύα, που είχε πάει εκεί νωρίτερα για να σπουδάσει ως νοσοκόμα. Ζούσε όμως στην Εστία των νοσοκόμων στο Βασιλικό Νοσοκομείο του Ντάντι.

Ο θείος του, Γουίλιαμ, με τον οποίο θα πήγαινε να ζήσει, είχε στο μεταξύ πεθάνει. Έτσι αναγκάστηκε να ζήσει με τον άλλο αδερφό της μητέρας του, τον Τζορτζ και τη γυναίκα του, τη Μάργκαρετ. Το κρύο κλίμα και ο διαφορετικός, κλειστός τρόπος ζωής των σκωτσέζων συγγενών του δεν βοήθησαν να μειωθεί η δυστυχία του. Νοσταλγούσε την οικογένεια του και τη ζωή που είχε αφήσει πίσω στην Κρήτη.

Οι γονείς του φυσικά πλήρωναν για τη διαμονή του με

τους θείους του, αλλά εκείνοι του συμπεριφέρονταν σα να ήταν υπηρέτης και όχι μέλος της οικογένειας, τον έβαζαν να καθαρίζει παπούτσια και να πλένει τζάμια τις Κυριακές. Παρόλο που ήταν δυστυχισμένος, κατάφερε να γίνει φίλος με τον ξάδερφο του Τζορτζ, ο οποίος ήταν μεγαλύτερος και τον βοήθησε αργότερα με τα έγγραφα της ιθαγένειας. Έβλεπε την Εύα όσο πιο συχνά μπορούσε. Και σε εκείνην είχαν φερθεί ψυχρά οι σκωτσέζοι συγγενείς, αλλά αργότερα αρραβωνιάστηκε τον ξάδερφο Τζορτζ με τον οποίο και παντρεύτηκαν. Η κρητική της καταγωγή κρατήθηκε πάντα μυστική, όπως και του πατέρα μου. Τη θεωρούσαν κάτι για το οποίο έπρεπε να ντρέπονται και νομίζω ότι τα παιδιά τους δεν το έμαθαν ποτέ, ούτε και αναρωτήθηκαν. Εμείς ως παιδιά, σίγουρα δεν ξέραμε τίποτα, αν και πηγαίναμε αρκετά συχνά. Όλη αυτή η οικογενειακή ιστορία ξετυλίχτηκε μέσα σε εκατό χρόνια. Η τέφρα της Εύας επέστρεψε στην Κρήτη, όταν πέθανε την δεκαετία του '50, αλλά οι συγγενείς της μητέρας της, η οικογένεια Θεμάκη δεν εντοπίστηκαν ποτέ.

Ο πατέρας μου παρακολούθησε την Ακαδημία Χάρρις μέχρι την ηλικία των 17 ετών. Στη συνέχεια μαθήτευσε στους Αδερφούς Λόουντεν, μια εταιρία ηλεκτρολόγων μηχανολόγων και παρακολούθησε το Τεχνικό Κολλέγιο του Ντάντι από όπου αποφοίτησε ως ηλεκτρολόγος μηχανολόγος. Η ειδικότητα αυτή ήταν ιδιαίτερα περιζήτητη εκείνα τα χρόνια, εξαιτίας της σχετικά πρόσφατης διάδοσης του ηλεκτρισμού.

Σε ηλικία 21 ετών, με την βοήθεια του ξαδέρφου του Τζορτζ, ζήτησε και στη συνέχεια απέκτησε την βρετανική ιθαγένεια. Μετά κατετάγη στον στρατό ως μηχανικός, και υπηρέτησε σε διάφορα σώματα των Χάιλαντς, μεταξύ των οποίων τα Black Watch, Sea Forth Highlanders, Royal Engineers και London Scottish. Είχε πάντα την ελπίδα ότι θα τον έστελναν στη Γαλλία, αλλά βέβαια οι μηχανικοί δεν πολεμούσαν στα χαρακώματα. Δεν ήξερε πόσο τυχερός υπήρξε που δεν έζησε αυτήν την εμπειρία. Την εποχή που υπηρετούσε στο στρατό επισκέφτηκε την αδερφή του Νέλλη, τον άντρα της Γιώργο Ναξάκη και τις δυο μικρές ανιψιές του την Κρυστάλη και τη Μαρί, στο Μάντσεστερ. Αποστρατεύτηκε το 1918, αφού είχε τελειώσει ο πόλεμος. Το κιλτ του στάλθηκε στην Κρήτη και δόθηκε στη Νέλλη, που το μετέτρεψε σε φορεματάκια και παλτά για τις τρεις κόρες της. Μετά από τον πόλεμο ξεκίνησε την δική του επιχείρηση στο Νταντί, αλλά δεν είχε επιτυχία. Τότε επέστρεψε ξανά στην Κρήτη, αλλά ο πατέρας του είχε πεθάνει.

Τότε άρχισε να εργάζεται για την Whitehall Securities Limited στην Αθήνα, που ήταν υπεύθυνη για τον φωτισμό με προβολείς της Ακρόπολης και τις ηλεκτρικές εγκαταστάσεις στην πόλη. Ενόσω δούλευε σε αυτή την εταιρία μπόρεσε να βρει εργασία για πολλούς νέους Κρητικούς. Νομίζω ότι ήταν επίσης υπεύθυνος για την ποδοσφαιρική ομάδα, κάτι αρκετά πρωτοποριακό για την εποχή.

Στην Αθήνα το 1931 γνώρισε τη μητέρα μου που εργαζόταν ως γκουβερνάντα σε μια οικογένεια Ελλήνων. Παντρεύτηκαν το 1932 στην βρετανική πρεσβεία της Αθήνας. Ο αδερφός μου Τζέιμς Λίντζι Κούριερ γεννήθηκε αργότερα εκείνη τη χρονιά και τον πήγαν στην Κρήτη για να γνωρίσει τη γιαγιά του, τους θείους και τα ξαδέρφια. Δυστυχώς υπάρχουν ελάχιστα ενθυμήματα από το γάμο τους, καθώς άφησαν σχεδόν τα πάντα στην Αθήνα όταν η οικογένεια επέστρεψε στην Αγγλία το 1934. Από ό,τι ξέρω, ο πατέρας μου δεν ξαναείδε τον πατέρα του από τότε που έφυγε από την Κρήτη ως παιδί. Δεν παραβρέθηκε στο γάμο της αδερφής του και είδε τη μητέρα του μόνο μια φορά όλο εκείνο το διάστημα, όταν εκείνη πήγε στη Σκωτία για να πάει τον Άρτσι, ένα υιοθετημένο παιδί, στο ορφανοτροφείο Κουάριερ. Νομίζω ότι η γιαγιά μου είχε καλές προθέσεις, αλλά ήταν πλέον ηλικιωμένη και δεν μπορούσε να αναθρέψει ένα μικρό αγόρι. Ίσως πάλι να αναζητούσε τον δικό της γιο και να μην διέθετε την απαιτούμενη υπομονή για τον καημένο τον Αρτσι, που από όσο ξέρουμε ήταν ένα δύσκολο παιδί.

Ο πατέρας μου ήταν 38 χρονών όταν παντρεύτηκε και είχε ζήσει πολλά, αλλά σε κάθε περίπτωση η ζωή του είχε υπάρξει πολύ σκληρή.

Πιστεύω ωστόσο ότι ήταν αρκετά ευχαριστημένος στην έγγαμη ζωή του, με τα τρία του παιδιά, εμένα, τον αδερφό μου Λίντζι και την αδερφή μου Πατρίτσια. Επισκεπτόμαστε την Εύα και τον Τζορτζ στο Ντάντι όταν είμαστε παιδιά, καθώς ζούσαν σε απόσταση μόνο 30 μιλίων, αλλά δεν νομίζω ότι μιλούσαν ποτέ μεταξύ τους ή με άλλους για τη ζωή τους στην Κρήτη. Μόνο τώρα, μετά από τόσα χρόνια, προσπαθούμε να ταιριάξουμε τα κομμάτια στο οικογενειακό πάζλ.

Από τη δική μας πλευρά της οικογένειας υπάρχουν έξι εγγόνια και πολλά δισέγγονα. Πολλές φορές αναρωτιέμαι τι θα σκεφτόταν για όλους αυτούς τους ανθρώπους, όχι μόνο τους Σκωτσέζους και τους Κρητικούς, αλλά και Άγγλους, Γάλλους, Αμερικανούς και Νοτιοαφρικανούς. Πόσες εθνικότητες σε μια οικογένεια!

Με αγάπη Μάριον

Οι επιστολές της Μάγκυ Μοντγκόμερυ

Η Κρήτη έχει μήκος 254 χιλιόμετρα, από την ανατολή έως τη δύση, και το πλάτος της κυμαίνεται από 13 έως 64 χιλιόμετρα. Ένας μεγάλος ορεινός όγκος εκτείνεται κατά μήκος του νησιού, ακολουθώντας τη γραμμή των νότιων ακτών και σε δύο σημεία ανέρχεται σε ύψος 2,4 χιλιομέτρων. Ο πληθυσμός, σύμφωνα με απογραφή που έγινε πριν από περίπου δεκαπέντε χρόνια, αριθμεί 280,000, τα τρία τέταρτα των οποίων είναι Χριστιανοί. Η πλειονότητα είναι αναμφίβολα Έλληνες, και τα ελληνικά είναι η γλώσσα που χρησιμοποιείται γενικά. Όμως, όσον αφορά τους κατοίκους στα πεδινά, πιθανότατα έχει γίνει μια σημαντική επιμειξία με διαφορετικές φυλές που κατά καιρούς κυριάρχησαν στο νησί.

Οι άνθρωποι στα ορεινά ωστόσο, ειδικά οι Σφακιανοί στα δυτικά, υποστηρίζουν ότι είναι γνήσιας ελληνικής καταγωγής. Δείχνουν υπέροχοι και ανεξάρτητοι, αλλά είναι εκτός νόμου, όπως οι δικοί μας των φυλών των Χάιλαντς, όπως παρουσιάζονται στα μυθιστορήματα. Ποτέ δεν υποτάχθηκαν πλήρως σε καμιά από τις φυλές που εξουσίαζαν το νησί, και αποτέλεσαν πάντα τη ραχοκοκαλιά κάθε εξέγερσης. Στη σύγχρονη εποχή, η Ενετική κατοχή διήρκεσε 400 χρόνια, και ακολούθησαν οι Οθωμανοί στο δεύτερο μισό του 17ου αιώνα.

Μια από τις πιο σθεναρές άμυνες που έχουν καταγραφεί ποτέ στην ιστορία ήταν αυτή των Χανίων, πρωτεύουσας τότε του νησιού, η πολιορκία της οποίας ξεκίνησε τον Απρίλιο του 1667 και η πόλη δεν καταλήφθηκε μέχρι το φθινόπωρο του 1669. Οι Τούρκοι κατείχαν τη χώρα από εκείνη την ημέρα έως σήμερα, αν και ευτυχώς το τέλος της κυριαρχίας τους δεν είναι μακριά. Η πιο καταστροφική κληρονομιά της κατοχής τους είναι η παρουσία περίπου 70.000 Μουσουλμάνων, απογόνων εκείνων των Ελλήνων, οι οποίοι κατά την κατάκτηση του νησιού, περισσότερα από διακόσια χρόνια πριν, εγκατέλειψαν την πίστη τους για να ασπαστούν το Ισλάμ, και επιβραβεύθηκαν για την αποστασία τους με την παραχώρηση της πιο γόνιμης γης στο νησί. Το μεγαλύτερο μέρος αυτής της γης είναι ακόμα στην κατοχή τους, αν και μεγάλο μέρος του εξαγοράστηκε από τους εργατικούς και οικονόμους Χριστιανούς αγρότες.

Οικία Λίντζι, Σούδα

Οι εμπειρίες μιας Σκωτσέζας στην Κρήτη, Κόλπος Σούδας, κοντά στα Χανιά της Κρήτης

Μάρτιος 1906

Αγαπημένοι μου φίλοι,

Έχουν περάσει κάποια χρόνια από τότε που τυπώθηκε αυτό το μικρό βιβλίο και πολλά έχουν συμβεί σ'αυτό το διάστημα. Μερικοί φίλοι από το ναυτικό και αλλού μου ζήτησαν να το ανατυπώσω. Σκέφτηκα ότι αν το έκανα, θα μπορούσα να προσθέσω λίγα πράγματα παραπάνω και με αυτό τον τρόπο να αυξήσω το ενδιαφέρον για την Κρήτη.

Είχα δηλώσει ότι τα ευρωπαϊκά στρατεύματα είχαν έρθει στο νησί, δηλαδή Βρετανοί, Γάλλοι, Ρώσοι και Ιταλοί. Ακόμα το κατέχουν.

Λίγο καιρό αφού οι Βρετανοί κατέλαβαν τα Χανιά, και ενώ ήταν έτοιμοι να πάρουν τον έλεγχο του Τελωνείου, μια προμελετημένη σφαγή έλαβε χώρα, η οποία είχε πολύ λυπηρή κατάληξη και δεν θα ξεχαστεί εύκολα. Δεκατέσσερις

Βρετανοί σκοτώθηκαν, ο Βρετανός Πρόξενος, και μερικοί τραυματίστηκαν. Εκείνη τη μέρα, διαπράχθηκαν ανηλεείς δολοφονίες, γονείς αποχωρίστηκαν από τα παιδιά τους. Αλλά οι Μουσουλμάνοι γρήγορα συνειδητοποίησαν ότι είχαν ξεπεράσει τα όρια. Το αίμα των Βρετανών είχε χυθεί άδικα, και έπρεπε να παρθεί εκδίκηση. Αυτό έγινε γρήγορα με το κρέμασμα των δεκαεπτά από τους Μουσουλμάνους επικεφαλής. Όμως ο Ναύαρχος Νόελ δεν ήταν ικανοποιημένος μέχρι να εγκαταλείψουν το νησί τα στρατεύματα, πράγμα που συνέβη πολύ σύντομα. Οι Τέσσερις Δυνάμεις υποσχέθηκαν στον Σουλτάνο ότι θα εξακολουθούσε να διαδραματίζει κάποιο ρόλο στις υποθέσεις του νησιού.

Τα στρατεύματα έφυγαν με μεγαλύτερη ηρεμία απ᾽ ότι αναμενόταν. Το επόμενο ήταν να επιλεχθεί ένας κυβερνήτης. Τρεις υποδείχθηκαν. Εκείνος που έγινε δεκτός ήταν η Αυτού Εξοχότητα ο Πρίγκιπας Γεώργιος της Ελλάδας, ο οποίος έγινε θερμά δεκτός ως Ύπατος Αρμοστής της Κρήτης στις 22 Δεκεμβρίου 1897. Υποσχέθηκε πολλά, και ο λαός περίμενε περισσότερα, αλλά κατά κάποιο τρόπο απογοητεύτηκε. Ίσως περίμενε πάρα πολλά.

Ο Πρίγκιπας επισκέφθηκε δύο φορές τον θείο μου. Η πρώτη φορά ήταν για να τον ευχαριστήσει για την πολύτιμη βοήθειά του προς το λαό τη στιγμή της ανάγκης τους. Τη δεύτερη φορά ήρθε με την Πριγκίπισσα της Ουαλίας (νυν Βασίλισσα της Αγγλίας), την Πριγκίπισσα Βικτώρια και τους συνοδούς της. Ευχαριστήθηκαν που είδαν το σπίτι και το καταφύγιο που είχε προσφέρει τόσες φορές σε καιρό ανάγκης.

Η Πριγκίπισσα μου είπε ότι ο Πρίγκιπας Γεώργιος της είχε δώσει το βιβλίο μου για να το διαβάσει. Ένα μέρος του βιβλίου την λύπησε, εκείνο με τον γέρο στο χωριό που τον άφησαν πίσω όταν όλοι οι άλλοι έφυγαν, και στον οποίο οι γείτονές του δεν έδειξαν καθόλου οίκτο.

Αλλά όλα αυτά είναι παρελθόν και έχουν περάσει πια, δεν

θα ήθελα να επαναλάβω τα ίδια. Το αγαπημένο ηλικιωμένο ζευγάρι έχει αποβιώσει πια. Ο θείος ήταν ο πρώτος που έφυγε. Πέθανε στις 17 Μαΐου 1899. Η θεία πέθανε στις 8 Φεβρουαρίου του 1900. Είχαν ζήσει μαζί για πάνω από πενήντα χρόνια, στο θάνατο δεν αποχωρίστηκαν για πολύ.

Βρίσκονται θαμμένοι στο βρετανικό νεκροταφείο της Σούδας, όπου τόσο συχνά περπατούσαν. Πολλοί θρήνησαν την απώλεια τους και η μνήμη τους είναι ακόμα ζωντανή στις καρδιές των ανθρώπων κοντά στους οποίους έζησαν τόσα χρόνια.

Το σπίτι-καταφύγιο, όπως έχουν αποκαλέσει συχνά την οικία Λίντζι είναι πολύ αγαπητό σε όσους από εμάς είμαστε ακόμα εδώ. Έχει ευλογηθεί με πολλές τρυφερές και αγαπημένες αναμνήσεις του παρελθόντος.

Πολύς λόγος έγινε για την προσάρτηση του νησιού στην Ελλάδα, αλλά φοβάμαι ότι κάτι τέτοιο δεν θα βελτιώσει την κατάσταση. Επί του παρόντος, οι εκπρόσωποι των Τεσσάρων Δυνάμεων διαβουλεύονται για να αποφασίσουν τι θα ήταν καλύτερο να γίνει.

Προσευχόμαστε να ληφθούν σοφές αποφάσεις.

Πάντα με εκτίμηση,
Μάγκυ Μοντγκόμερι

20 Οκτωβρίου 1896

Αγαπητέ κ.,

Θα δείτε από τα έγγραφα ότι η Κρήτη εδώ και κάποιο διάστημα παραπαίει σε μια κατάσταση αναρχίας, με σχεδόν καθημερινές δολοφονίες. Ήταν πράγματι πολύ σπάνιο κάποιος να τιμωρηθεί για αυτές τις δολοφονίες, επειδή όταν ένας Μουσουλμάνος σκότωνε έναν Χριστιανό θα κατάφευγε αμέσως εκεί όπου γνώριζε ότι υπήρχε μουσουλμανική αστυνομία, η οποία είναι πάντα έτοιμη να προστατεύσει το δολοφόνο ενός μισητού εχθρού. Ακούει ότι ένας από τους συγγενείς του έχει σκοτωθεί, και η πρώτη του σκέψη είναι να πάρει εκδίκηση σκοτώνοντας ένα μουσουλμάνο, είτε εκείνος ήταν συγγενής είτε όχι. «Αίμα για αίμα» είναι το σύνθημά του, και καθώς μια κυβέρνηση δεν παίρνει αίμα, το παίρνει ο ίδιος. Φυσικά, δραπετεύει σε μια κρυψώνα που τη γνωρίζει μόνο η Χριστιανική αστυνομία. Έτσι συνεχιζόταν αυτό το παιγνίδι. Και οι δύο πλευρές γνωρίζουν ότι δεν υπάρχει δικαιοσύνη από τους επονομαζόμενους υπουργούς δικαιοσύνης, έτσι παίρνουν το νόμο στα χέρια τους.

Ο Σουλτάνος συνέχισε να στέλνει τον ένα πασά μετά τον άλλο για να σταματήσει αυτή την κατάσταση, αλλά δεν τα κατάφερναν. Οι άνθρωποι που χρησιμοποίησαν για να υλοποιήσουν τις μεταρρυθμίσεις τους ήταν φυσικά ντόπιοι, και πολλοί από αυτούς είχαν τους δικούς τους συγγενείς που έπρεπε να εκδικηθούν, και εάν δεν είχαν, τάσσονταν στο πλευρό εκείνων που είχαν, και τα πράγματα πήγαιναν από το κακό στο χειρότερο. Το νησί ήταν σαν μπαρουταποθήκη και μια έκρηξη ήταν αναμενόμενη όπου Χριστιανοί και Μωαμεθανοί έμεναν κοντά οι μεν στους δε.

Από την αρχή του Μάη, οι άνθρωποι στο κοντινότερο χωριό από το δικό μας, τα Τσικαλαριά, και οι χριστιανοί που έμεναν κοντά μας στη Σούδα, ικέτεψαν τον θείο μου να τους επιτρέψει να φέρουν τα πράγματά τους στο σπίτι μας, καθώς ήταν σίγουροι ότι κάτι τρομερό θα συνέβαινε. Ο θείος δεν άντεχε να τους αρνηθεί, καθώς και εκείνος πίστευε ότι τους περίμεναν δύσκολοι καιροί. Έτσι, μέρα με τη μέρα, οι άνθρωποι έρχονταν εδώ, φέρνοντας τα σεντόνια τους, τα κουζινικά τους και τα μικροπράγματα ενός κλασικού κρητικού σπιτικού. Ευτυχώς, το καλοκαίρι είχε μπει για τα καλά, έτσι δεν υπήρχε φόβος για βροχή, η οποία σπάνια πέφτει από τα τέλη του Απριλίου έως τα μέσα του Οκτωβρίου. Οι πρόσφυγες ήταν αρκετά ευχαριστημένοι στις σκηνές στον κήπο μας, ο οποίος όπως γνωρίζετε, είναι πολύ μεγάλος και υπάρχει και ένας αμπελώνας, εξάλλου το σύνολο περιέβαλε ένας συμπαγής πέτρινος τοίχος.

Έτσι ήταν τα πράγματα έως την Κυριακή 24 Μαΐου, την ημέρα των γενεθλίων της αγαπημένης μας Βασίλισσας, όταν υψώσαμε τη σημαία προς τιμήν της, αλλά η ημέρα είχε άσχημο τέλος για πολλούς στο σπίτι. Ο θείος και η θεία μου ξεκουράζονταν μετά από το δείπνο, όταν ένα πλήθος τρομοκρατημένων ανδρών, γυναικών και παιδιών ήρθαν τρέχοντας από τα Τσικαλαριά, και ενώθηκαν με Χριστιανούς από τα σπίτια κοντά στο δικό μας. Μας φώναζαν να ανοίξουμε την πύλη, και μετά μπήκαν σαν χείμαρρος, οι άνδρες οπλισμένοι, άνδρες και γυναίκες κουβαλώντας πράγματα που είχαν αρπάξει κατά τη βιαστική φυγή τους. Τα νέα ήταν για μια σφαγή που είχε προκύψει από τον καυγά μεταξύ ενός αστυνομικού και του σωματοφύλακα του Ρώσου Πρόξενου. Ο αστυνομικός πυροβόλησε πρώτος, και η σφαίρα έξυσε το κεφάλι του σωματοφύλακα, ο οποίος τράβηξε το σπαθί του, και διαπέρασε με αυτό το σώμα του αστυνομικού. Όταν οι Μουσουλμάνοι είδαν έναν από τους πιστούς οπαδούς τους νεκρό, κυνήγησαν τους Χριστιανούς, και προτού οι αρχές προλάβουν να σταματήσουν τη συμπλοκή, 28

105

άτομα σκοτώθηκαν και 11 τραυματίστηκαν, αν και αρκετοί Μουσουλμάνοι έχασαν τη ζωή τους στη συμπλοκή αυτή.

Ούτε ένα ευρωπαϊκό πολεμικό πλοίο δεν ήταν κοντά στο νησί, αν και οι πρόξενοι είχαν προειδοποιηθεί εγκαίρως για το τι ενδέχετο να συμβεί. Ας γυρίσουμε όμως πίσω στα δικά μας. Το πρώτο πράγμα που έκανε ο θείος μου ήταν να κλειδώσει την πύλη, και οι πρόσφυγες απαίτησαν τα όπλα τους φωνάζοντας «Αν είναι να πεθάνουμε, άσε μας να πεθάνουμε πολεμώντας».

Όμως ο θείος δεν άφηνε κανέναν να πυροβολήσει εντός της ιδιοκτησίας του εκτός και αν έβλεπαν κάποιον να περνάει τον τοίχο, πράγμα που δεν τόλμησε κανείς να κάνει. Μετά πήγαμε στο μπαλκόνι αλλά μπορούσαμε μόνο να δούμε εκείνους τους πέντε άνδρες να κινούνται με προφύλαξη σαν να έψαχναν για κάτι. Γρήγορα συνειδητοποίησαν ότι το σχέδιο τους είχε αποτύχει και απομακρύνθηκαν με την ίδια προφύλαξη. Ευτυχώς ο θείος μου διέθετε αισιοδοξία και σεβασμό, γιατί διαφορετικά, τα πράγματα θα είχαν πολύ διαφορετική κατάληξη.

Έχουμε σκεφτεί πολλές φορές αυτό το περιστατικό από τότε, αλλά δεν καταλήγουμε παρά στο ίδιο συμπέρασμα, ότι δηλαδή εκείνοι οι πέντε Κρητικοί Μουσουλμάνοι είχαν πληρωθεί από τις αρχές για να κάνουν ό,τι μπορούσαν για να δημιουργήσουν πανικό στους πρόσφυγες μας και να τους προκαλέσουν να πυροβολήσουν, και να τους δώσουν έτσι την αφορμή να πυροβολήσουν εναντίον μας με τα μεγάλα τους όπλα και να κάνουν κομμάτια το σπίτι μας.

Λίγο μετά, ένας αξιωματικός του ναυτικού ήρθε στην πύλη με περίπου είκοσι στρατιώτες, και είπε στο θείο μου ότι είχε εντολές από τους ανωτέρους του να πυροβολήσει Άγγλους ή οποιονδήποτε άλλον θα διατάρασσε την κοινή ησυχία. Ο θείος του είπε που θα έβρισκε τους ταραξίες, εννοώντας τους πέντε άνδρες που καραδοκούσαν γύρω από το σπίτι μας, αλλά βέβαια ποτέ δεν θα πυροβολούσε μουσουλμάνο. Λίγο αργότερα, είδαμε την άμαξα του Γενικού Διοικητή να εισέρχεται στον ναύσταθμο. Τι είπε στο διοικητή δεν ξέρουμε, αλλά σύμφωνα με αναφορές είπε ότι ήταν σε μεγάλη ταραχή και ότι θα ήταν πολύ άσχημο γι 'αυτούς αν είχε συμβεί κάτι με τους πρόσφυγες του Άγγλου, και μόνο εξέφρασε τη λύπη του ότι δεν είχαν καταφέρει να πραγματοποιήσουν το σχέδιο τους.

Μόλις έφυγε ο Γενικός Διοικητής, ο διοικητής κάλεσε το θείο μου. Σημειώνω εδώ ότι αυτός ο διοικητής ήταν ένας γνωστός φανατικός. Είπε στο θείο μου ότι καλά θα έκανε να επικοινωνήσει με τον πρόξενό του και εκείνος θα φρόντιζε να σταλεί το μήνυμά του, καθώς η επικοινωνία με τα Χανιά είχε διακοπεί. Ο θείος δεν ήξερε καλά-καλά τι να κάνει, καθώς ήταν αμφίβολο αν το μήνυμα θα έφτανε στον προορισμό του. Ωστόσο, έγραψε στον Πρόξενο τα παρακάτω λόγια: «5 μ.μ. Κατάσταση στη Σούδα εξαιρετικά κρίσιμη». Μέσα σε τρεις ώρες, πέντε αστυνομικοί είχαν σταλεί από τα Χανιά με το διάβημα του Πρόξενου προς τον Διοικητή, και είχαμε τους αστυνομικούς μαζί μας για σχεδόν πέντε μήνες.

Την επόμενη μέρα, στις 28, ο ίδιος ο πρόξενος ήρθε, με την προστασία φρουράς. Τον ρωτήσαμε αν πίστευε ότι ήταν καιρός να έρθουν βρετανικά πλοία στον κόλπο της Σούδας. Είπε ότι δεν μπορούσε να ζητήσει να έρθουν πλοία για τον καθένα που το ζητούσε, και ότι υπήρχε ήδη ένα σε κάποια απόσταση από τα Χανιά. Του είπα ότι σίγουρα το βρετανικό έθνος ήταν αρκετά πλούσιο ώστε να μπορεί να στείλει περισσότερα από ένα πλοίο, όπως γνωρίζετε ήμασταν οι μόνοι Βρετανοί υπήκοοι στο νησί. Προσέθεσε ότι, αν συνέβαινε κάτι σε μας, το αίμα θα ήταν στα χέρια του. «Όχι», είπε, τρίβοντας τα χέρια του, «νίπτω τας χείρας μου, αλλά σας μεταφέρω τους χαιρετισμούς του καπετάνιου Ντρούρυ, του πολεμικού Χουντ, που λέει ότι εάν φοβάστε, θα στείλει βάρκες από τα Χανιά για να σας μεταφέρουν πίσω στο σκάφος». «Ναι», είπα «αλλά τι γίνεται με τους πρόσφυγες που είναι μαζί μας;». «Ω», είπε, «δεν μας αφορά αυτό». «Καλά», είπα «Αν αυτό είναι το μόνο που εσείς ή ο καπετάνιος μπορείτε να κάνετε για εμάς, θα είχατε την καλοσύνη να στείλετε και εκ μέρους μου χαιρετίσματα προς τον καπετάνιο και να του πείτε ότι αν φθάσουμε στα χειρότερα, θα χαθούμε όλοι μαζί. Έχουμε δώσει καταφύγιο στους φτωχούς και δεν θα τους διώξουμε τώρα, ακόμη και με κόστος της ζωής μας, για να δολοφονηθούν, όπως δολοφονήθηκαν οι Αρμένιοι».

Πολύ σύντομα μετά από αυτό, είχαμε ένα βρετανικό πολεμικό πλοίο στον κόλπο της Σούδας και από εκείνη την ημέρα μέχρι σήμερα, σπάνια μείναμε χωρίς αυτό. Υπάρχει ένα πράγμα που ξέχασα να αναφέρω, που μας προκάλεσε μεγάλη θλίψη. Λίγες ημέρες πριν από τη σφαγή, ένας γέρος που ζούσε μόνος του στα Τσικαλαριά, ήρθε στο σπίτι μας και θερμοπαρακάλεσε να του επιτραπεί να φέρει το κρεβάτι του στον κήπο μας, να μείνει για λίγο εκεί καθώς είχε αρχίσει να φοβάται. Ο θείος του χτύπησε φιλικά τον ώμο, και του είπε να ηρεμήσει, καθώς δεν υπήρχε κανένας κίνδυνος, και κανείς δεν θα έβλαπτε ένα γέρο σαν κι αυτόν, αλλά αν αργότερα διαπίστωνε ότι υπήρχε ουσιαστικός λόγος να φοβάται, του είπε ότι θα ήταν ιδιαίτερα ευπρόσδεκτος. Αλλά όταν οι άνθρωποι έφυγαν από το χωριό την Κυριακή, τον ξέχασαν τον καημένο και δυστυχώς οι Μουσουλμάνοι γείτονές του δεν έδειξαν κανένα έλεος για εκείνον, αλλά τον έσφαξαν και τον πέταξαν στα σκυλιά.

Θα ήθελα να σας μεταφέρω τη μετάφραση ενός άρθρου που δημοσιεύθηκε σε τοπική εφημερίδα των Χανίων, την πρώτη που τυπώθηκε αμέσως μετά τις ταραχές του Μαΐου:

«Ο Σεβασμιότατος Αρχιεπίσκοπος Νικηφόρος της Μητρόπολης Κυδωνίας & Αποκορώνου και ο κ. Λίντζι είναι οι μεγαλύτεροι ευεργέτες των ανθρώπων που κατοικούν σε αυτές τις περιοχές. Ο Αρχιεπίσκοπος, με τα ευγενικά του λόγια συμπάθειας, κατάφερε να επιβάλλει την αυτοσυγκράτηση στους Τούρκους και έσωσε τους Χριστιανούς από πολλές δοκιμασίες. Ομοίως, ο Βρετανός τον οποίο όλοι γνωρίζουν ότι ζει στη Σούδα, είναι ο σωτήρας της Σούδας καθώς και όλων των γύρω χωριών, οι κάτοικοι των οποίων κατέφυγαν στο σπίτι του, εκεί όπου υψώθηκε η σημαία της Αγγλίας. Είναι ένας αληθινός φίλος της ελευθερίας και καθόλου δειλός, γιατί αγνόησε την πρόταση που του έγινε να καταφύγει με την οικογένειά του στο πολεμικό σκάφος, λέγοντας ότι προτιμούσε να χάσει τη δική του ζωή παρά να εγκαταλείψει τους φτωχούς ανθρώπους που ήρθαν σ'αυτόν για προστασία».

Τετρακόσιοι άνθρωποι είχαν φέρει μαζί τους τα έπιπλα και τα ζώα τους. Αυτός τους προσέφερε τροφή για πολλές ημέρες και κατόπιν αιτήσεώς του ένα πολεμικό πλοίο ήταν αγκυροβολημένο στον κόλπο της Σούδας, η παρουσία του οποίου έβαλε τέλος στις δολοπλοκίες των Τούρκων που ήταν απασχολημένοι με το να καίνε και να καταστρέφουν τα πάντα.

Αυτή είναι μια πολύ μακρά επιστολή και φοβάμαι ότι θα σας κουράσει, αλλά δεν μπόρεσα να κρατηθώ και να μη σας γράψω τι έχουμε περάσει.

Με εκτίμηση,
Μάγκυ Μοντγκόμερυ

13 Ιανουαρίου 1898

Αγαπητέ κ.,

Σε μια επιστολή που γράφτηκε περισσότερο από ένα χρόνο πριν έδωσα μια περιγραφή της σφαγής που έλαβε χώρα στις 24 Μαΐου του 1896, αλλά έκτοτε έχουμε βιώσει πιο ανησυχητικές στιγμές.

Λίγους μήνες μετά την καταστροφή, υπήρξε μια ανάπαυλα. Οι άνθρωποι ξεπερνούσαν τον τρόμο τους. Οι περισσότεροι είχαν επιστρέψει στα σπίτια τους, εκείνοι που είχαν ελαιόδενδρα είχαν μαζέψει τη σοδειά τους, και με τα έσοδα είχαν αρχίσει να επισκευάζουν τα σπίτια τους. Αλλά η ανάπαυλα ήταν μικρής διάρκειας. Άρχισε να γίνεται γνωστό ότι ο Σουλτάνος έστελνε απεσταλμένους στο νησί για να ενθαρρύνει τους Μουσουλμάνους να συνεχίσουν τις ταραχές, έτσι ώστε να ματαιωθεί το Συμβούλιο της Ευρώπης, οι Επίτροποι του οποίου συνεδρίαζαν εκείνη την εποχή. Οι Πρόξενοι ανακάλυψαν ότι ο Πασάς που είχε σταλεί πρόσφατα από την Κωνσταντινούπολη ανεχόταν τις ίντριγκες, και έτσι έγραψαν στους πρεσβευτές τους, οι οποίοι επέμειναν στην ανάκλησή του. Νομίζω ότι ήταν εκείνη ακριβώς την εποχή μία επιγραφή είχε αναρτηθεί στους δρόμους της Χανίων, της οποίας ακολουθεί η μετάφραση:

«Αδελφοί: Η φωνή του Προφήτη μας καλεί να πάρουμε εκδίκηση ενάντια σε αυτούς τους άπιστους, που βρίζουν την ιερή θρησκεία μας και να σφάξουμε όλους εκείνους τους άπιστους Χριστιανούς που πίνουν το αίμα των αδελφών μας τόσα πολλά χρόνια και δεν έχουν ακόμη ικανοποιηθεί. Στα όπλα. Τιμωρείστε αυτούς τους άδικους δούλους του έθνους μας. Με αυτόν τον τρόπο μπορείτε να συναντήσετε τον Προφήτη μας με τιμή»

Μπορείτε εύκολα να καταλάβετε ότι οι Μουσουλμάνοι

ξεσηκώθηκαν με τέτοια λόγια και άρχισαν να σπεύδουν προς τη χριστιανική συνοικία στην οποία έβαλαν φωτιά. Ξέρετε ότι το σπίτι του θείου μου είναι κοντά στο τουρκικό ναύσταθμο στον κόλπο της Σούδας, όπου αγκυροβολούν όλα τα πολεμικά πλοία. Πάνε πλέον αρκετά χρόνια από τότε που οι καπετάνιοι ορισμένων βρετανικών πλοίων ζήτησαν από το θείο μου να επιτρέψει να αναρτηθεί ιστός σημαίας στο σπίτι του για τη διευκόλυνση των τηλεγραφημάτων τους όταν τα πλοία ήταν στον κόλπο. Ο θείος μου, πάντα πρόθυμος να κάνει οτιδήποτε για τους συμπατριώτες του και την κυβέρνησή του, επέτρεψε την τοποθέτηση του ιστού, έτσι όταν κατέπλεαν τα διάφορα πλοία, συνήθιζαν να στέλνουν μια σημαία και ένα φανάρι σπίτι μας. Τα τηλεγραφήματα ερχόντουσαν με ειδικό αγγελιοφόρο από τα Χανιά, σχεδόν πέντε χιλιόμετρα μακριά, και όταν τα λαμβάναμε υψώναμε τη σημαία τη μέρα και το φανάρι τη νύχτα, και βλέποντάς το ο κυβερνήτης έστελνε έναν από τους άνδρες του να λάβει τα τηλεγραφήματα. Όταν τα πλοία έφυγαν από τον κόλπο της Σούδας έπαιρναν τα σήματά τους μαζί τους, και τα επόμενα που ερχόντουσαν έφερναν τα δικά τους.

Αλλά στο τέλος του 1896 τόσα πολλά πλοία ερχόντουσαν και έφευγαν και τα τηλεγραφήματα έγιναν τόσο πολλά, ώστε ο επικεφαλής καπετάνιος προτίμησε να νοικιάσει ένα σπίτι στην ακτή, να φέρει τηλέγραφο και να πάρει έναν υπάλληλο από τα Χανιά για να τον χειρίζεται.

Έτσι, ο θείος βρήκε ένα σπίτι γι αυτόν, αλλά τα μηνύματα εξακολουθούσαν να στέλνονται εδώ. Αργότερα συνήθιζαν να στέλνουν έναν από τους άνδρες τους στο σπίτι μας, ο οποίος μετέδιδε τα μηνύματα με σήματα, χρησιμοποιώντας σημαίες τη μέρα και φανάρι τη νύχτα, και έχοντας μια πλάκα δίπλα τους με τα μηνύματα γραμμένα πάνω σε αυτή.

Αλλά ας ξεκινήσω με την ιστορία μου. Το πρωί της Δευτέρας 1ης Φεβρουαρίου 1897, ο υπηρέτης μας ήρθε στο δωμάτιό μου για να μου πει ότι κάτι δεν πήγαινε καλά επειδή όλοι οι γείτονές μας ήταν στην αυλή μας σε κατάσταση μεγάλης αναστάτωσης. Κατέβηκα όσο πιο γρήγορα μπορούσα χωρίς να ενοχλήσω το θείο και τη θεία, δεδομένου ότι ήταν ακόμη πολύ νωρίς. Όταν με είδαν όλοι ζητούσαν τον κύριο. Τους είπα ότι δεν είχε σηκωθεί ακόμα, και ότι ακόμη και αν είχε σηκωθεί, δεν θα μπορούσε να κάνει κάτι άλλο γι' αυτούς παρά να τους πει να επιστρέψουν στα σπίτια τους και να μη φωνάζουν.

Πήγα έξω από την πύλη, αλλά το μόνο που μπορούσα να δω ήταν μερικούς Τούρκους αξιωματικούς, και όταν τους ρώτησα είπαν ότι δεν γνώριζαν τίποτα. Σύντομα όμως μάθαμε ότι την προηγούμενη ημέρα οι Τούρκοι είχαν διαπράξει κάποιες δολοφονίες, και οι Χριστιανοί ήταν όλοι σε πανικό, καθώς οι Τούρκοι έλεγαν ανοιχτά στα Χανιά ότι θα σκότωναν όποιο Χριστιανό έβρισκαν μπροστά τους.

Ένας άντρας με άλογο ήρθε καλπάζοντας από τα Χανιά στη Σούδα, περνώντας από όλα τα χωριά, καλώντας το λαό να καταφύγει στα βουνά για να σώσει τη ζωή του. Πολλοί πήγαν αμέσως, χωρίς να τους δει ο θείος μου, αλλά αρκετοί έμειναν πίσω. Αργότερα την ίδια μέρα λάβαμε ένα σημείωμα από τον καπετάνιο Κάστανς, διοικητή του πολεμικού Μπάλφουρ, που βρισκόταν τότε στον κόλπο.

Ρώτησε το θείο αν θα μπορούσε να φιλοξενήσει έξι Μαλτέζους που είχαν αναζητήσει καταφύγιο πλευρίζοντας το πλοίο, και δεν μπορούσαν να τους πείσουν να φύγουν. Ο θείος τους διαμήνυσε αμέσως ότι θα τους φιλοξενούσε. Αυτοί οι φτωχοί άνθρωποι ζούσαν στα Χανιά αλλά είχαν νοικιάσει ένα μικρό χώρο στη Σούδα για να παίρνουν ρούχα για πλύσιμο από τα πλοία. Λίγο αργότερα, ο καπετάνιος Κάστανς ήρθε να μας ευχαριστήσει που φιλοξενήσαμε τους Μαλτέζους, και για να πει ότι θα πήγαινε στα Χανιά, καθώς τα πράγματα έδειχναν να είναι απειλητικά εκεί. Τον ρωτήσαμε τι να κάνουμε, και είπε: «Εγώ θα σας φροντίσω όλους. Το Ντράγκον θα μείνει εδώ, και περιμένω το Σκάουτ στον κόλπο της Σούδας αύριο.» Το Ντράγκον πρέπει να σας πω ότι ήταν ένα αντιτορπιλικό. Είχαμε έναν από τους άντρες του στο σπίτι μας τη Δευτέρα το βράδυ για να στείλει τυχόν μηνύματα.

Ένα μήνυμα ήρθε από το Σκάουτ στα Χανιά που έλεγε ότι ήταν απαραίτητο να έρθει επειγόντως εκεί, αλλά διατάχθηκε να έρθει στη Σούδα αμέσως και το Ντράγκον να πάρει τη θέση του στα Χανιά καθώς μπορούσε να μπει στο λιμάνι με κακές καιρικές συνθήκες με μεγαλύτερη ευκολία. Έτσι, το Σκάουτ ήρθε εδώ την Τρίτη το πρωί και δύο άντρες από το πλοίο εστάλησαν στην ακτή αμέσως. Στη συνέχεια, χρειάστηκε να καληνυχτίσουμε το φύλακα της νύχτας της Δευτέρας και να καλωσορίσουμε τους νέους. Τα πράγματα μέχρι εκείνη τη στιγμή έδειχναν πολύ σοβαρά.

Ο υπάλληλος στο τηλεγραφείο αρνήθηκε να παραμείνει στη θέση του, αν δεν προστατευόταν από άνδρες του Σκάουτ, καθώς σφαίρες πετούσαν προς κάθε κατεύθυνση. Ο καπετάνιος Νόελ του Σκάουτ, ακολουθούμενος από έναν άντρα που κρατούσε μια ξεδιπλωμένη σημαία, ήρθε στην ακτή για να ρωτήσει το θείο τι πίστευε εκείνος ότι θα ήταν καλύτερο να γίνει. Έτσι, αφού συζήτησε με το θείο, έστειλε έναν αξιωματικό με έξι άνδρες στο τηλεγραφείο, και ύψωσαν τη βρετανική σημαία. Την ίδια μέρα, ένα γαλλικό πλοίο μπήκε στο κόλπο και αποβίβασε τον ίδιο αριθμό ανδρών και έναν αξιωματικό που ήταν συνεχώς σε επιφυλακή, ενώ ο αξιωματικός πηγαινοερχόταν συνέχεια στο τηλεγραφείο. Με τον τρόπο αυτό, ξέραμε τι συνέβαινε στα Χανιά. Οι χριστιανικές συνοικίες της πόλης είχαν παραδοθεί στις φλόγες και τα πράγματα γινόντουσαν ολοένα και χειρότερα. Το βράδυ της Πέμπτης, ο αξιωματικός ήρθε με ένα μήνυμα που έπρεπε να σταλεί στο πλοίο. «Φωτιά ολοένα μεγαλύτερη. Πρόξενοι κατέφυγαν επί ευρωπαϊκών πλοίων που σταθμεύουν στα Χανιά». Την Παρασκευή ο καπετάνιος ήρθε στην ακτή για να μας ζητήσει να πάμε στο σκάφος, καθώς πίστευε ότι τα πράγματα θα γινόντουσαν ακόμα χειρότερα, αλλά ο θείος αρνήθηκε να φύγει. Το ίδιο βράδυ ένα μήνυμα ήρθε στο Σκάουτ από το Μπάλφουρ: «Διαλύστε το τηλεγραφείο και όλα τα όργανα επί του πλοίου, επιβιβάστε τον κ. Λίντζι και όλους όσοι βρίσκονται στο σπίτι του». Και πάλι ο θείος αρνήθηκε να πάει. Διέλυσαν το τηλεγραφείο και όλοι ήρθαν στο σπίτι μας εκείνη τη νύχτα, αλλά για τρεις ημέρες πριν από αυτό είχαμε πέντε άνδρες συνεχώς μαζί μας.

Νωρίς το Σάββατο το πρωί ο καπετάνιος Νόελ ήρθε στη στεριά ξανά για να παρακαλέσει το θείο μου να πάει στο πλοίο, καθώς δεν μπορούσε να αφήσει άντρες στην ακτή πια, ο ανώτερός του αξιωματικός του είχε δώσει διαταγές ότι θα έπρεπε όλοι να πάνε στο πλοίο.

Όμως ο θείος είπε ότι δεν θα άφηνε αυτό το μέρος παρά μόνο αν τα πράγματα χειροτέρευαν, όλοι όμως οι πρόσφυγες, 45 στον αριθμό, η θεία μου και εγώ, μπορούσαμε να φύγουμε αν το επιθυμούσαμε. Δεν θέλαμε να φύγουμε, σε μια τέτοια κρίση αποφασίσαμε ότι θα πηγαίναμε όλοι μαζί ή θα μέναμε όλοι μαζί έχοντας πίστη στον Επουράνιο Πατέρα ότι θα μας έσωζε.

Έτσι, νωρίς το πρωί του Σαββάτου, αποχαιρετήσαμε τον ευγενικό καπετάνιο Νόελ, τους αξιωματικούς και τους άντρες του. Πήραν όλους τους πρόσφυγες μαζί τους εκτός από δύο ηλικιωμένες γυναίκες, που μας παρακάλεσαν να μείνουν μαζί μας. Οι υπόλοιποι έφυγαν υπό την προστασία της βρετανικής σημαίας, με τα πρόσωπά τους να κοιτάζουν ψηλά προς τον ουρανό, προσευχόμενοι στο Θεό να γεμίσει με τις ευλογίες του την οικία του Εγγλέζου.

Όταν έφυγαν οι άντρες από το Σκάουτ, ακολούθησαν οι Γάλλοι και μείναμε μόνοι. Όμως προτού φύγει ο καπετάνιος Νόελ, φρόντισε ώστε η βρετανική σημαία να είναι υψωμένη

στον ιστό στο σπίτι μας, όπου παρέμεινε πολύ καιρό νύχτα-
μέρα.

Βρίσκεται ακόμα στην κατοχή μας, και θα παραμείνει
κειμήλιο και ανάμνηση μιας περιόδου που δεν θα
ξαναπερνούσα ποτέ ξανά. Ας συνεχίσω όμως τη διήγησή μου.

Δεν είχε περάσει ούτε μισή ώρα από τη στιγμή που είχαν
φύγει οι καλοί μας φίλοι από το Σκάουτ όταν ξαναγύρισαν
πίσω. Ένα μεγάλο ιστιοφόρο είχε μπει στον κόλπο. Ο
καπετάνιος Νόελ συζήτησε με τον ιδιοκτήτη του (έναν από
τους Ροτσάϊλντ) και του είπε ότι ανησυχούσε πολύ για εμάς
τώρα που δεν υπήρχε τηλεγραφική επικοινωνία με τα Χανιά.

Ο ιδιοκτήτης πολύ ευγενικά είπε ότι αν ο καπετάνιος Νόελ
έγραφε στον καπετάνιο Κάστανς, το σκάφος θα πήγαινε στα
Χανιά με το γράμμα και θα έφερνε πίσω την απάντηση. Έτσι
οι άντρες εστάλησαν πίσω σε μας μέχρι να έρθει η απάντηση.

Το σκάφος γύρισε γύρω στα μεσάνυχτα με την εξής
απάντηση: «Εάν ο κ. Λίντζι δεν επιβιβαστεί στο πλοίο, οι
άντρες πρέπει να επιβιβαστούν, δεν μπορώ να τους αφήσω
στην ακτή να σκοτωθούν».

Νωρίς την Κυριακή το πρωί αποχαιρετήσαμε ξανά τους
ευγενικούς φίλους μας, και ακόμα χειρότερα, το Σκάουτ
διατάχθηκε να αποπλεύσει αμέσως. Δεν γνωρίζουμε πόσο
μακριά πήγε. Δεν ρωτήσαμε, ούτε και εκείνοι μας είπαν.
Νομίζουμε όμως ότι πήγαν μόνο έως τα Χανιά, όπου οι δύο
καπετάνιοι έπρεπε να μιλήσουν.

Δεν το ξέρουμε με βεβαιότητα, αλλά μερικές μέρες
αργότερα ο καπετάνιος Κάστανς έστειλε ένα μήνυμα στο
θείο και νομίζω ότι δημοσιεύτηκε σε πολλές εφημερίδες, που
του έλεγε ότι ήταν ένας γενναίος Σκωτσέζος, που είχε το
θάρρος να παραμείνει στο σπίτι του όταν όλοι οι Πρόξενοι
είχαν βρει καταφύγιο πάνω σε ευρωπαϊκά πολεμικά πλοία,
και ότι το Σκάουτ είχε διαταχθεί να αποπλεύσει.

Αφού οι άνδρες έφυγαν την Κυριακή το πρωί, ξάπλωσα

για λίγο όσο ο θείος μου φύλαγε σκοπιά, δεδομένου ότι ο υπηρέτης μας είχε ακολουθήσει τους επαναστάτες. Όταν σηκώθηκα, ξάπλωσε ο θείος. Μόλις όμως κατέβηκα κάτω, οι δύο γυναίκες μου είπαν ότι κάποιοι άντρες είχαν διαρρήξει ένα από τα μικρά μας σπίτια ακριβώς έξω από την πύλη. Αυτά τα σπίτια ο θείος τα νοίκιαζε και το σπίτι που είχε διαρρηχθεί είχε εγκαταλειφθεί την προηγούμενη ημέρα από ανθρώπους που είχαν βρει καταφύγιο πάνω στο Σκάουτ. Έτσι, βγήκα αμέσως έξω και βρήκα έναν Τούρκο στρατιώτη να στέκεται απέξω και να φυλά την πόρτα, η οποία είχε παραβιαστεί. Τον ρώτησα τι έκανε, αν ήξερε ότι επρόκειτο για ιδιοκτησία Άγγλου, ο οποίος θα ενημέρωνε αμέσως τον Διοικητή του ναυστάθμου για το τι έκανε. Εκείνος έστεκε απλά και με κοίταζε. Ήμουν μόνη, γιατί οι ηλικιωμένες γυναίκες δεν τολμούσαν να βγουν έξω από την πύλη. Μέχρι τότε, όλα τα σπίτια είχαν παραβιαστεί και Τούρκοι στρατιώτες μαζί με Τουρκοκρητικούς έπαιρναν τις περιουσίες όσο γρηγορότερα μπορούσαν.

Νόμισα ότι δεν είχε καταλάβει τα τουρκικά μου, τα οποία μιλώ πολύ λίγο, και γι' αυτό φώναξα έναν από τους ντόπιους Τούρκους να έρθει για μια στιγμή. Φώναξε ότι ήταν πολύ απασχολημένος – με το να κλέβει το σπίτι μιας φτωχιάς χήρας. Τον παρακάλεσα να έρθει, και επιτέλους ήρθε και είπε στον στρατιώτη ότι θα ήταν καλύτερο να φύγει γιατί θα ήταν κακό για εκείνον να μείνει. Έτσι, ο στρατιώτης πήγε μέσα, κλείνοντας την πόρτα για να με κλείσει έξω, αλλά γνώριζα ότι δεν μπορούσε να φύγει από το σπίτι με κανέναν άλλον τρόπο, καθώς τα παράθυρα από την άλλη πλευρά έβλεπαν στον κήπο μας. Άνοιξα την πόρτα όταν είχαν τελειώσει τη δουλειά τους, λέω «είχαν» γιατί όταν μπήκα μέσα είδα τέσσερις να κατευθύνονται προς την πόρτα με όπλα στα χέρια τους. Είχαν λεηλατήσει κάθε μπαούλο και κάθε γωνιά του σπιτιού. Ό,τι δεν ήθελαν, ήταν σκορπισμένο γύρω-γύρω, αυτά που ήθελαν τα είχαν χώσει μέσα σε ένα μεγάλο κλινοσκέπασμα, το οποίο κουβαλούσε ένας από τους άντρες στην πλάτη του. Μπορείτε να καταλάβετε τα συναισθήματά μου καλύτερα απ' ότι μπορώ να τα εκφράσω. Στεκόμουν εκεί μόνη, εντελώς αβοήθητη, ενώ εκείνοι συνέχιζαν τη λεηλασία τους. Προσπάθησα με όλη μου τη δύναμη να τραβήξω το μπόγο από την πλάτη του άντρα αλλά απέτυχα, όπως μπορείτε να φανταστείτε.

Κατάφερα να τραβήξω μερικά κομμάτια έξω από τον μπόγο, όταν ο ένας από αυτούς σήκωσε τη λαβή του όπλου του εναντίον μου. Τα πόδια μου έτρεμαν, αλλά κούνησα το δάχτυλό μου στο πρόσωπό του, τους φώναξα δειλούς, και είπα ότι ήμουν Αγγλίδα και ότι δεν ήμουν δειλή σαν και εκείνους. Αλλά το πιο ταπεινωτικό πράγμα για μένα ήταν ότι στεκόμουν εκεί και τους έβλεπα που έφευγαν με το μπόγο τους.

Όταν επέστρεψα στο σπίτι και είπα στο θείο την ιστορία μου, πήγε αμέσως στον Διοικητή του ναυστάθμου και του είπε όλα όσα είχαν συμβεί.

Ο Διοικητής αγανάκτησε επειδή στρατιώτης του Σουλτάνου θα κατηγορούταν ότι παραβίασε κάποιο σπίτι. Ωστόσο, ήταν γνωστό σε όλους ότι τα περισσότερα από τα σπίτια των Χριστιανών στη Σούδα, τα οποία δεν απέχουν πολύ από το ναύσταθμο του Σουλτάνου, είχαν παραβιαστεί από Τούρκους στρατιώτες, και τα λάφυρα μεταφέρονταν από εκείνους μέσα στο ναύσταθμο, υπό τα βλέμματα των αξιωματικών.

Το έργο της καταστροφής και της λεηλασίας συνεχίστηκε για πολλές ημέρες. Πρώτα μεταφέρθηκαν οι πόρτες, τα παντζούρια και τα κουφώματα καθώς και τα κεραμίδια. Οι άνδρες χρησιμοποιούσαν λοστούς, σφυριά, τσεκούρια και πριόνια, και μετέτρεπαν τα σπίτια σ' ένα σωρό από ερείπια.

Μιλώ για τα σπίτια που ήταν πολύ κοντά σε τουρκικές ιδιοκτησίες και γι' αυτό δεν πυρπολούνταν. Μακριά από τις τουρκικές ιδιοκτησίες, οι στρατιώτες ήταν ικανοποιημένοι με το να καίνε τα σπίτια.

Αυτά τα πράγματα τα βλέπαμε με τα μάτια μας ημέρα με την ημέρα, και όμως διαβάζοντας ορισμένες από τις εφημερίδες μας αργότερα, συνειδητοποιήσαμε πόσα λίγα από αυτά που είχαν συμβεί πραγματικά είχαν γίνει γνωστά. Μια μέρα, ο θείος μου θύμωσε τόσο πολύ όταν είδε τα σπίτια δύο χήρων να καταστρέφονται που πήγε σε έναν από τους αξιωματικούς και τον παρακάλεσε θερμά να μην πειράξουν αυτά τα δύο σπίτια. Η απάντηση που πήρε ήταν «Συνορεύουν με το ακίνητό σας; Όχι, λέτε. Τότε, ηρεμήστε και να μας ευγνωμονείτε. Όταν συνορεύουν με το ακίνητό σας, η ευθύνη θα βαρύνει εμάς». Έπρεπε λοιπόν να κοιτάζουμε μόνο και να μην κάνουμε τίποτα για να τα σώσουμε. Για εβδομάδες ήμασταν εκτεθειμένοι σε σφαίρες και οβίδες που πετούσαν γύρω μας, και σχεδόν κάθε δωμάτιο του σπιτιού είχε σπασμένα τζάμια από τις δονήσεις των μεγάλων πυροβόλων όπλων. Αν ο θείος μου είχε εγκαταλείψει το σπίτι, όπως τον είχαν προτρέψει να κάνει, θα ήταν βέβαιο ότι και το δικό μας σπίτι θα είχε την ίδια τύχη με εκείνα των φτωχών γειτόνων μας.

Είμαι βέβαιη ότι θα βρείτε ενδιαφέρον τόσο εσείς όσο και οι φίλοι σας να μάθετε πώς τα καταφέρναμε με τις προμήθειες τις εβδομάδες που είχαμε τους πρόσφυγες και δεν μπορούσαμε να βρούμε τίποτε για να αγοράσουμε. Λοιπόν, καταρχάς, το γαλλικό πολεμικό πλοίο και το Σκάουτ μας έστειλαν μερικά μπισκότα, και το Σκάουτ μας έστειλε ό,τι είχε απομείνει στο μαγειρείο τους, ενώ οι ίδιοι αναγκάστηκαν να ζήσουν με αλάτι και κρέας κονσέρβας και μπισκότα.

Ο ιδιοκτήτης του ιστιοφόρου, και εκείνος, πολύ ευγενικά μας έστειλε ένα μεγάλο βαρέλι μπισκότα και δύο καρβέλια ψωμί, τα οποία δεχτήκαμε με μεγάλη χαρά.

Σχεδόν κάθε χρόνο, γύρω στα Χριστούγεννα, παίρναμε ένα δέμα προμηθειών από το τη Σκωτία, και είχαμε λάβει ένα τέτοιο δέμα μερικές εβδομάδες νωρίτερα. Μεταξύ άλλων, είχαμε πλιγούρι, κριθάρι, τσάι, βούτυρο και τυρί, το δέμα αποδείχθηκε πολύ χρήσιμο. Όσο για ψωμί, επί οκτώ χρόνια δεν είχαμε φτιάξει δικό μας, αλλά συνηθίζαμε να μας το φέρνουν από τα Χανιά καθημερινά, αλλά τελευταία ήταν τόσο κακό που σκεφτήκαμε να αρχίσουμε να το φτιάχνουμε στο σπίτι και πάλι. Έτσι, την τελευταία εβδομάδα του Ιανουαρίου, ο θείος αγόρασε ένα σακί αλεύρι και είχαμε ψήσει μόνο μία φουρνιά από εκείνο το σακί, όταν άρχισαν τα προβλήματα. Είχαμε αγοράσει επίσης μια κατσίκα με δύο μικρά κατσικάκια. Είχαμε πάρει την κατσίκα για το γάλα, το οποίο είναι σπάνιο και ακριβό το χειμώνα. Το αγελαδινό γάλα δεν χρησιμοποιείται ποτέ στην Κρήτη, μόνο το αιγοπρόβειο γάλα.

Σας λέω αυτά τα μικρά περιστατικά, για να σας δείξω πώς ο Επουράνιος Πατέρας μας πρόσεχε και μας προσέφερε πολλές ανέσεις, που σε διαφορετική περίπτωση θα μας έλειπαν για πολύ καιρό. Είχαμε επίσης πολλές κότες εκείνη την εποχή, και έτσι είχαμε φρέσκα αυγά. Πολλά καλάθια πήγαιναν στο Σκάουτ όταν το πλοίο είχε επιστρέψει και πάλι. Μια Κυριακή πρωί, κατά την άφιξη του πλοίου, η άγκυρα δεν είχε ακόμη καλά-καλά πέσει όταν ο καπετάνιος ήρθε στην ξηρά και είπε, «θα βρίσκομαι στο σπίτι σας πρωί – βράδυ». Μας εξήγησε πώς θα μπορούσαμε να επικοινωνούμε με το πλοίο κατά τη διάρκεια της ημέρας και μας έδωσε ρουκέτες σε περίπτωση κινδύνου το βράδυ και γύριζε το προβολέα πάνω στο σπίτι μας για δεκαπέντε λεπτά κάθε δύο ώρες για πολλές νύχτες. Ό,τι και να πω θα είναι λίγο για την καλοσύνη του καπετάνιου Νόελ, τους αξιωματικούς και τους άνδρες του. Ποτέ δεν θα το ξεχάσουμε.

Για ένα μήνα και μερικές ημέρες ήμασταν κρατούμενοι μέσα στο σπίτι μας. Μέχρι εκείνη τη στιγμή, ο Ναύαρχος Χάρρις και άλλοι ευρωπαίοι ναύαρχοι είχαν έρθει στο νησί. Τα πλοία τους ήρθαν από τα Χανιά στη Σούδα, μια απόσταση περίπου δεκαέξι κόμβων, ενώ περιπολίες στρατιωτών φρουρούσαν το δρόμο μεταξύ των δύο περιοχών, που από τη στεριά είναι μια απόσταση σχεδόν πέντε μόνο χιλιόμετρων. Στη συνέχεια, και σταδιακά, μπορούσε κανείς να δει άμαξες στο δρόμο και τότε μπορούσαμε επιτέλους να πάμε στα Χανιά και να γυρίσουμε με ασφάλεια.

Τα ευρωπαϊκά στρατεύματα ακολούθησαν σύντομα και γνωρίζετε πια τι έχει συμβεί έκτοτε. Υπάρχει μεγάλη αγωνία στο νησί, τόσο μεταξύ των Μουσουλμάνων όσο και των Χριστιανών, και όλοι προσεύχονται για τον τερματισμό των παθών τους.

Η ναυαρχίδα Ρηβέντζ του Υποναυάρχου Χάρρις επέστρεψε στον κόλπο της Σούδας πριν από λίγες εβδομάδες. Είχε λείψει για τρεις μήνες, καθώς το πλήρωμα έπρεπε να ανανεωθεί. Ο Ναύαρχος, λυπούμαι που το λέω, μας λέει ότι θα αποχωρήσει σύντομα από την Κρήτη. Λυπούμαστε πολύ, γιατί μας έδειξε καλοσύνη και μας φρόντιζε από τη στιγμή που ήρθε τον Μάρτιο του 1897. Το τάγμα των Σήφορθ Χάϊλαντερς έφυγε από την Κρήτη πριν από λίγο καιρό, και αντικαταστάθηκαν από το τάγμα των Ουαλών Τυφεκιοφόρων, οι οποίοι παραμένουν εδώ.

Πέντε από τους Σήφορθ Χαϊλάντερς είναι θαμμένοι στο βρετανικό νεκροταφείο στη Σούδα. Πολύ περισσότεροι ενδέχεται να έχουν πεθάνει στα Χανιά, όπου είχε τοποθετηθεί ένας μεγαλύτερος αριθμός στρατιωτών. Ένας από αυτούς, ο οποίος πέθανε, ήταν ένας καλός, νέος λοχίας. Η σύζυγός του και η μικρή του κόρη έφθασαν στην Κρήτη μερικές μέρες πριν το θάνατό του. Ήταν στο νοσοκομείο όταν έφθασαν. Η καημένη, όλοι τη λυπηθήκαμε πάρα πολύ, αλλά τι ανακούφιση θα είναι για εκείνην στα χρόνια που θα έρθουν το γεγονός ότι φρόντισε τον άντρα της στις τελευταίες του στιγμές και ότι ήταν εκεί στην κηδεία του. Πέρασε τις τελευταίες λίγες ημέρες στην Κρήτη μαζί μας, και πήγε στο νεκροταφείο για μια τελευταία ματιά. Τώρα ζει με τον πατέρα της στο Ντέραμ, και μας έχει γράψει δύο φορές από εκεί. Υποσχεθήκαμε να φροντίζουμε τον τάφο του άντρα της όσο θα είμαστε εδώ και να της στέλνουμε ένα φύλλο ή ένα λουλούδι από τον τάφο του που και που. Ίσως αυτό το μικρό βιβλίο μπορεί να πέσει στα χέρια κάποιου που έχει χάσει κάποιο δικό του από το τάγμα των Σήφορθ Χάιλάντερς, που τώρα είναι θαμμένοι στο βρετανικό νεκροταφείο στη Σούδα μέχρι την ημέρα της τελικής κρίσης. Μπορεί να τους χαροποιεί το να γνωρίζουν ότι ένας αληθινός Σκωτσέζος στην Κρήτη ήταν παρών στις κηδείες τους και στην τελευταία τους κατοικία. Το σκωτσέζικο αίμα έτρεχε στις φλέβες του ακούγοντας τον οικείο σκωτσέζικο σκοπό που έπαιζαν οι πίπιζες, όταν ακολουθούσαν το σώμα στον τάφο.

Άλλαξε τα λόγια ως εξής :

> «Τα όμορφα λουλούδια ανθίζουν στην όμορφη γη των Χάιλαντς. Οι πέντε μικροί σταυροί δείχνουν το σημείο όπου κείτονται. Όσο ήταν επί γης βάδισαν στα βήματα που όριζε ο αυλητής, και τώρα οι ψυχές τους ανέβηκαν ψηλά να δεσπόζουν στον ουρανό. Όταν ο Θεός θα στείλει το μήνυμα παντού για να εγκαταλείψουν την κλίνη από χώμα.»

Δυστυχώς τα οστά των ντόπιων χριστιανών δεν αναπαύονταν πάντοτε εν ειρήνη, γεγονός το οποίο πολλοί από τους Βρετανούς αξιωματικούς μας μπορούν να βεβαιώσουν, έχοντας γίνει μάρτυρες σκηνών τόσο αποκρουστικών που δεν μπορώ να τις περιγράψω.

Θα κλείσω αυτή την επιστολή προσφέροντας τις πιο εγκάρδιες ευχαριστίες και την ευγνωμοσύνη μας προς τον Επουράνιο Πατέρα μας, για την αγάπη, την καλοσύνη και το έλεος του για εμάς, κατά τη διάρκεια των χρόνων που δοκιμαστήκαμε και κινδυνεύσαμε. Τον ευχαριστούμε για τους καλούς φίλους που μας έστειλε την ώρα της ανάγκης μας, τα πρόσωπα των οποίων μπορεί να μην δούμε ποτέ ξανά πάνω στη γη, αλλά τα οποία θα σκεφτόμαστε πάντα με αγάπη όσο θα διαρκεί η μνήμη μας.

Είναι τόσα πολλά αυτά για τα οποία πρέπει να ευχαριστούμε το Θεό. Μόνον ο επουράνιος Πατέρας μας γνωρίζει τι έχουμε περάσει από το Μάιο του 1896. Όταν οι πρόσφυγες έμεναν μαζί μας και ξανά τον επόμενο Φεβρουάριο και τις ημέρες που δεν μπορούσαμε να βρούμε ψωμί ούτε καν με χρυσό, δεν είχαμε γνωρίσει ποτέ φτώχεια, ούτε κανείς στην οικία μας είχε ποτέ λόγο να πει ότι πεινούσε. Όπως συνέβη με τη χήρα της Σαρέπτας, «και η υδρία του αλεύρου ουκ εξέλιπε και ο καψάκης του ελαίου ουκ ηλαττονήθη», όσο είχαμε ανάγκη.

Έως εδώ το χέρι Του μας έχει οδηγήσει,
Τόσο μακριά θα κάνουμε γνωστό το έλεός Του,
Και όσο περπατάμε σε αυτή την έρημη γη,
Νέα ελέη θα ζητήσουν οι νέοι ύμνοι.

Δράττομαι της ευκαιρίας να ευχαριστήσω δημοσίως τους πολλούς φίλους που ανταποκρίθηκαν στο κάλεσμά μας για λογαριασμό των φτωχών ανθρώπων. Με τον τρόπο αυτό που τέθηκε στη διάθεσή μας, είμαστε σε θέση να βοηθήσουμε πολλούς από τους εξαθλιωμένους γείτονές μας, Χριστιανούς και Μουσουλμάνους. Όποια και αν είναι τα κέρδη που θα φέρει αυτή η μικρή έκδοση, θα διατεθούν για τον ίδιο σκοπό. Ο Θεός μέσα στην αγάπη Του και το έλεός Του είθε να κάνει σύντομα να βασιλεύσει η ειρήνη στο όμορφο αλλά άτυχο αυτό νησί, και είθε όλοι να εργαστούν μαζί για το καλό των ανθρώπων και τη δόξα Του.

Τελειώνοντας, θα ήθελα να σας παρακαλέσω θερμά να

εκφράσετε τις ειλικρινείς ευχαριστίες μου στον κ. Ντέιλυ, τον αξιότιμο ιερέα μου, που τόσο ευγενικά υποστήριξε το σκοπό των φτωχών Κρητικών από τον άμβωνα. Αυτός και άλλοι φίλοι, που έδειξαν συμπόνια σε εκείνους, θα βρίσκονται πάντα στις προσευχές μας.

Με εκτίμηση,
Μάγκυ Μοντγκόμερυ

www.ingramcontent.com/pod-product-compliance
Lightning Source LLC
Chambersburg PA
CBHW061951070426
42450CB00007BA/1187